AI

비즈니스
레볼루션

AI

비즈니스
레볼루션

이진형 지음

포르*헤

인공지능 시대, 변화의 흐름에 올라타라

우리는 이미 일상 속에 많은 AI 비서를 두고 있다. '심심이'나 '이루다' 처럼 단순히 대화를 나눌 수 있는 챗봇도 있지만, 아마존의 '알렉사', 구글의 '구글 어시스턴트', 네이버의 '클로바'나 카카오의 '카카오i' 등 여러 기업의 AI 비서들은 정보 검색부터 기기 제어까지 다양한 기능을 편리하게 수행한다. 하지만 최근에 등장한 챗GPT는 인공지능에 대한 상식을 완전히 뒤엎고 우리에게 놀라움을 안겼다. 과연 챗GPT 는 무엇이 달라서 세상을 술렁이게 만든 것일까?

챗GPT는 일론 머스크Elon Musk와 샘 알트만Sam Altman이 2015년 설립한 제작사 오픈AI에서 선보인 생성형 AI다. 현재는 일론 머스크 가 오픈AI 이사회에서 사임하면서 지분을 마이크로소프트(Microsoft, 이하 MS)에 매각한 상태다. 재미있는 것은 오픈AI와 뜻이 안 맞는다며 이사회에서 사임한 일론 머스크도 윤리적인 방향성을 추가한 새로운 GPT를 선보이겠다고 발표했다는 점이다. 오픈AI의 챗GPT를 비판하 기는 했지만 그 역시 앞으로 챗GPT가 세상을 바꿀 것이라 확신했다 는 의미가 아닐까.

기존의 인공지능 챗봇과 달리 챗GPT가 답변하는 대화의 범위와 수준은 사람만큼, 아니 전문가 수준까지 높아졌다. 이전의 챗봇은 제한된 영역에서 미리 입력된 질문에 대한 답을 제공해 주는 정도였다. 그러다 보니 입력된 질문이 아니면 답하지 못하거나, 엉뚱한 답변을 해 매끄러운 상호작용이 된다고 느낄 수 없었다.

챗GPT는 우리가 생각할 수 있는 모든 질문에 매우 전문적이고 자연스러운 답변을 하며, 정확한 문법으로 말하지 않아도 대화의 맥락을 이해한다. 문서를 요약하거나 번역하고, 보고서나 회사의 보도 자료를 작성할 뿐만 아니라, 인간만 할 수 있는 예술적 영역에 해당되는 시나 소설을 쓰고 음악을 작곡하기도 한다. 컴퓨터 프로그래밍의 오류를 발견하거나 직접 코드를 짜는 것도 챗GPT가 잘하는 일 중 하나다.

챗GPT의 능력은 단순한 소통이나 검색 서비스를 대체하는 것뿐만 아니라 일상의 패러다임을 바꿀 가능성을 보여 주고 있다. 질문이나 명령에 대답하는 것은 물론이고, 개인이나 기업의 업무를 대체할 수 있다는 점에서 기존의 대화형 AI를 뛰어넘는 면모를 선보이고 있다. 챗GPT가 향후 각종 산업과 서비스에 영향을 미칠 것이며, 스마트폰의 등장 이상으로 판을 바꾸는 게임 체인저가 될 수 있을지 기대되는 상황이다.

특히 챗GPT가 비즈니스의 패러다임을 바꿀 것으로 기대되는 핵심 영역은 MS가 원래 가지고 있던 자원인 클라우드와 검색 엔진에 있다. MS는 챗GPT에 무려 100억 달러(약 13조 원)를 투자해 오픈AI의 지분 49%를 확보했다. MS의 자원이 챗GPT와 결합했을 때 엄청난 시너지가 발휘될 수 있으리라 기대하여 챗GPT에 거금을 투자했을 것이다. 그렇다면 MS가 생각하는 챗GPT는 어떤 방식으로 구현될까?

첫째, MS에는 애저Azure라는 클라우드 서비스가 있다. 앞으로는 기업에서 내부 데이터를 챗GPT 알고리즘과 연결해 분석하고 활용하는 시대가 올 것이다. 이때 내부 데이터를 올릴 수 있는 곳이 바로 애저 클라우드가 될 수 있다. 각 기업은 생성형 AI를 직접 개발하지 않더라도 이를 통해 자연스럽게 챗GPT와 기업 데이터를 연동하여 자체 서비스를 개발할 수도 있을 것이다.

둘째로, MS는 빙Bing이라는 검색 엔진에 이미 챗GPT를 적용해 선보였다. 챗GPT를 적용한 빙은 정보를 제공하는 데 그치지 않고 내용을 스스로 선택하고 취합하여 답변을 제공한다. 실제로 전 세계 점유율 2~3% 정도였던 빙은 2023년 3월 이후로 꾸준히 사용자가 늘었고, 점유율 92%에 달하던 구글 검색 방문자는 1%가량 줄어들었다고 알려졌다.

셋째로 MS의 대표적인 무기, 파워포인트와 엑셀 등에 챗GPT를 적용한다면 새로운 방식으로 생산성을 높일 수 있다. 명령어만으로 원하는 파워포인트 자료를 만들거나 엑셀 데이터를 그래프로 바꾸는 등의 간편한 기능이 이미 공개된 바 있다. 기업에서 가장 많이 사용하는 소프트웨어의 사용법이 획기적으로 간단해지면 엄청나게 많은 시간을 단축할 수 있게 된다. 그 시간은 우리에게 또 다른 열정과 가능성을 열어 줄 수 있을 것이다.

마지막으로 가장 중요한 것은 기업 내부 데이터에 챗GPT를 적용하면 업무 생산성을 획기적으로 개선할 수 있다는 점이다. 기업의 모든 데이터를 학습한 AI에게 비즈니스에 관해 물어볼 때 어떤 질문에

도 막힘없이 대답하고 자료를 만들어 준다고 상상해 보자. 시간이 부족하다, 워라밸을 지켜야 한다, 과거 자료가 어디 있는지 모른다 등 모든 핑계와 이유가 사라지고 바로 처리 결과를 확인할 수 있는 업무 환경이 펼쳐질 것이다.

챗GPT는 우리에게 새로운 비즈니스 모델을 제시하고 있다. 챗GPT가 선보이는 생성형 AI 기반의 비즈니스 생태계가 시장을 긴장시키고 있다. 우리에게는 완전히 새로운 관점으로 업무 습관을 형성하고 발 빠르게 변화의 흐름에 올라탈 일만 남았다. 지금은 생성형 AI를 도입할지 결정할 단계가 아니라, 어떻게 활용할지 고민해야 하는 시점이다. 그것도 남들보다 빨리.

목차

Chapter 3
챗GPT, 200% 활용하려면 좋은 질문이 필요하다

Chapter 4
전쟁의 서막, 챗GPT vs 바드

Chapter 5
새로운 세상의 시작, 챗GPT 비즈니스

Chapter 6
비즈니스의 경쟁력을 키우는 챗GPT 활용 전략

Chapter 7
이제 상상력이 코딩하는 시대

Chapter 8
AI 시대, 데이터의 관리와 사용

Chapter 9
챗GPT의 한계와 인류의 대안

Chapter 10
퍼스널 AI 비서와 함께하는 미래

Chapter 1

✕

지금,
챗GPT를 이해해야
새 시장이 열린다

＞1＜
새로운 기술의 등장은
새롭게 일할 때가 되었다는 의미다

챗GPT는 갑자기 하늘에서 뚝 떨어진 기술이 아니라 탄탄한 내력을 가지고 발전해 온 데이터 기술이다. 세계적으로 가장 권위 있는 IT 리서치 기관인 가트너Gartner에서는 매년 12월이 되면 다음 해에 유행할 10가지 기술을 발표한다. 가트너 발표에서 2010년부터 올해까지 단 한 번도 빠지지 않고 등장한 유일한 기술이 있다. 바로 '데이터'이다.

가트너는 고급 분석(2010), 차세대 분석(2011), 빅데이터(2012), 실용 분석(2013), 전략적 빅데이터(2013)라는 용어로 데이터와 분석 기술에 대해 주목하기 시작했다. 2014년에 처음 '스마트 머신'이라는 용어를 등장시키면서 데이터를 기계에 태운 로봇의 가능성을 보여 준다. 로봇이 발전할 수 있는 핵심적인 기술은 무엇일까? 바로 2017년에 가트너가 첫 번째 기술로 다룬 '인공지능과 고급 머신러닝Machine Learning'이다. 머신러닝은 기계가 스스로 학습하게 만드는 기술이며 딥러닝은 개념적으로는 가장 사람과 비슷하게 사고하는 방식인데, 이때부터 인공지능 기술은 비약적으로 발전하기 시작한다.

이후 2022년 가트너에서 발표한 12개 기술 중에서는 무려 4개가 데이터에 관한 기술이었다. 그중에서도 새롭게 등장한 중요한 개념은 '데이터 패브릭'과 '생성형 AI'다. 생성형 AI는 우리가 잘 알고 있는 챗GPT와 같은 기술을 말하며 데이터 패브릭은 생성형 AI를 똑똑하게 학습시키는 데 필수인 데이터 전처리 기술이다. 잘 정리된 데이터로 학습한 생성형 AI만이 정확한 답을 뱉어낼 수 있기 때문에 이 2가지 기술은 항상 함께 다니는 짝꿍이라고 할 수 있다.

2023년에는 한 단계 더 진보된 개념인 '적응형 AI'를 발표했는데 이는 AI가 실시간으로 학습하는 것을 말한다. 이제는 정말로 사람과 가까운 형태를 만들어낼 수 있는 기술적 요소들이 갖춰진 셈이다. 이렇게 기술의 흐름을 이해하고 나면 챗GPT가 금방 사라질 기술인지, 계속해서 발전할 가능성이 있는 기술인지를 쉽게 예측할 수 있다.

오랜 시간 꾸준히 발전해 온 챗GPT 같은 생성형 AI 기술은 이제 본격적으로 비즈니스와 화려하게 결합할 시작점에 놓여 있다. 새로운 기술은 기술 그 자체로 인식하는 것이 아니라 비즈니스에 접목하여 활용하는 데 초점을 맞춰 바라봐야 한다. 강력하고 새로운 기술의 등장으로 각 기업은 새로운 방식으로 일할 기회를 얻었다. 이를 빠르게 수용해서 앞서 나가는 기업도 있겠지만, 전통적인 방식을 고집하다가 급격하게 가라앉는 기업도 나올 것이다. 선택은 각자의 몫이다. 하지만 적어도 현시대의 기술 발전 흐름을 분명하게 인식하고 파악하는 것이 미래를 크게 좌우할 수 있는 핵심 키가 된다는 것만은 분명하다. 이때 정말 중요한 포인트는 곧 다가올 미래에 챗GPT를 어떻게 비즈니스에 연계하며, 이를 통해 어떻게 새로운 비즈니스 생태계를 만들어 갈 것인가 하는 문제다.

> 2 <

계속 진화하는 챗GPT

챗GPT는 출시된 지 일주일 만에 사용자 수가 100만 명을 돌파하며 엄청난 관심을 모았다. 대부분 챗GPT를 본격적으로 업무에 활용하지는 않더라도 가벼운 대화 정도는 나눠 보았을 것이다. 다이어트 요리 레시피, 뉴스 요약이나 여행지 날씨에 따른 추천 의상 등을 물어보면 AI는 개인 비서처럼 척척 대답한다. 하지만 단순한 대화만으로는 챗GPT의 진가를 정확히 알기 어렵다. 챗GPT가 할 수 있는 일은 기존에 우리가 사용해 본 인공지능 서비스 이상으로 엄청나게 광범위하고, 심지어 전문적이다.

챗GPT가 제일 잘하는 일 중 하나는 의외로 아이디어를 제시하는 창의적인 활동이다. 비즈니스를 하다 보면 전공이 아닌 분야를 다방면으로 이해해야 하는 경우가 많다. 이럴 때 잘 모르는 분야에 대해서 챗GPT에게 기획 방향을 공유하여 아이디어를 받을 수 있다. 물론 내가 잘 아는 분야라고 해도 새로운 관점이나 발전된 아이디어를 요구하는 것도 가능하다. 예를 들어 "MZ 세대를 위한 ETF 상품을 출시하려고 하는데 상품에 대한 아이디어를 제공해 줘."라고 말하는 것만으로도 충분하다. 다만 아이디어를 참고하되, 근거나 출처가 되는 링크를 함께 받아서 확인하는 것이 좋다.

또 텍스트를 요약하거나 새로 작성해 주기도 하기 때문에, 보도 자료 작성을 챗GPT에게 맡기는 사례도 등장하고 있다. 국내에서도 챗GPT를 이용해 홍보용 보도 자료를 작성해서 배포한 기업들이 있는데, 주어진 자료를 바탕으로 목적에 맞는 보도 자료가 나오는 것은 물론이고 현재는 '챗GPT를 이용한 보도 자료'라는 것만으로 홍보 포인트가 되고 있다.

번역 능력도 탁월하다. 20개국 언어를 지원하는데 챗GPT가 언어의 문맥을 파악하기 때문에 엉뚱한 동음이의어나 어색한 번역체가 아닌 고품질의 결과물을 제공한다. 챗GPT가 답하는 문장의 말투를 지정할 수도 있다. 예를 들어 "초등학생에게 말하는 엄마의 말투로 해 줘.", "부산 사투리로 해 줘."라고 말하면 주어진 상황에 맞는 말투로 말한다. 사투리는 아직 어색한 감이 있지만, 잘 활용하면 재미있는 포인트가 될 수 있을 것이다. 개인적으로는 "회사에 대한 소개를 해리포터 말투로 해 줘."라고 말해 봤는데, 그대로 홍보물로 써도 재미있는 마케팅이 될 것 같다고 생각했다. 또한 신기술 같은 어려운 내용을 이해할 때에 '초등학생이 이해할 수 있도록 말해 달라'고 하면 그 수준에 맞춰 쉽게 설명해 준다는 점도 활용 포인트다.

재미있는 것은 텍스트로 답변하긴 하지만 작곡이나 편곡, 코딩 등의 작업도 가능하다는 것이다. 실제로 한 유튜버가 챗GPT에게 "내

친구의 여자친구에 대한 노래를 작곡해 줘."라고 해서 챗GPT가 작곡하고 작사한 노래를 즉흥적으로 부른 콘텐츠가 인기를 얻기도 했다. 기존에 있는 음악을 베끼는 것이 아니라, 사람들이 좋아하는 코드나 관련 데이터를 바탕으로 새롭게 만들기 때문에 시간이 지나면 사람보다 더 뛰어난 작곡 능력을 보일 가능성도 있다. 코딩 역시 프로그래밍 언어를 몰라도 자연어로 주문할 수 있다. 심지어 코드의 성능이 굉장히 좋다는 점도 놀랍다.

이처럼 챗GPT는 다양한 분야에 적용될 수 있는 유용한 기능을 선보이고 있지만, 앞으로 극복해야 할 한계도 보인다. 가장 크게 지적되는 부분은 챗GPT가 거짓말을 잘한다는 것이다. 오류가 있는 데이터를 학습해서 그럴듯해 보이지만 틀린 대답을 제공해 생기는 문제도 있다. 그래서 챗GPT가 주는 답변을 그대로 활용하지 말고 사실 여부를 꼭 체크해야 한다.

예를 들어 "권율 장군과 안중근 의사의 대결은 어땠어?"라고 질문해 봤다. 권율 장군은 1500년대 조선 중기의 장군이고, 안중근 의사는 1800년대의 독립운동가다. 그런데 챗GPT는 권율 장군과 안중근 의사의 대결이 1909년에 일어났다며 터무니없는 대답을 내놓았다. 우리는 이 대답이 사실이 아니라는 것을 알고 있지만, 잘 모르는 외국인이 본다면 그대로 믿을 수도 있다. 즉 데이터를 많이 가지고 있긴 하지만, 잘못 학습된 데이터가 섞여 있으면 반쯤은 맞고 반쯤은 틀린 답변을 할 수 있다는 것이다.

또 다른 한계점은 아직 텍스트나 표로만 질문에 답할 수 있는데,

텍스트 기반으로 내용을 이해하다 보니 숫자에 약하다는 점이다. 복잡한 계산을 시켜봤을 때 틀린 답을 내놓는 경우가 있어서 아직은 챗GPT보다 계산기가 낫다. 다만 MS에서 이후 챗GPT와 엑셀을 통합한다면 정확한 계산이 가능하리라 기대할 수 있다.

실시간 데이터를 제공하지 않는다는 점도 아쉬운 부분으로 꼽힌다. 이 때문에 현재 우리나라 대통령이 누구인지, 최근 오스카 시상식에 누가 수상했는지 등을 질문하면 엉뚱한 답을 하거나 정보를 제공할 수 없다고 대답하기도 한다. 다만 오픈AI는 챗GPT의 플러그인 기능을 통해 실시간 정보나 타사의 데이터베이스에 접근할 수 있도록하여 이 문제를 보완하고 있다.

> 3 <

챗GPT가 학습하는 방법

발전된 AI 모델, 챗GPT

><

챗GPT는 'Generative Pre-trained Transformer(사전 훈련된 생성 변환기)'의 약자로, 대화형 인공지능 챗봇을 말한다. 방대한 데이터를 미리 학습하여 언어를 형성하도록 만들어진 생성형 AI이기 때문에, 사람이 텍스트를 입력하면 적절한 답변을 생성하여 텍스트로 답한다.

챗GPT의 원리를 설명할 때 가장 많이 사용하는 그림은 오픈AI 논문에 실린 챗GPT의 제작 과정이다. 복잡해 보이지만 3가지 단계만 이해하면 챗GPT의 작동 원리를 이해할 수 있다. 첫 번째 단계는 기초 데이터를 모아 학습을 하는 것Collect demonstration data, and train a supervised policy, 두 번째 단계는 보상모델을 만드는 것Collect comparison data, and train a reward model, 세 번째 단계는 보상모델을 통해 강화학습을 시키는 것Optimize a policy against a reward model using reinforcement learning이다.

STEP 1. SFT(Supervised Fine-tuning Step):
방대한 데이터를 학습하는 단계

첫 단계인 SFT는 방대한 언어 데이터 속에서 고품질의 데이터를 학습시키는 과정으로, 챗GPT가 학습하는 방식은 앞의 말을 보고 뒤에 나올 말을 예측하는 방식이다. "나는 오늘 학교에…"라는 문장이 있다면, 다음에 무슨 말이 나올까? 확률상 '갔다', '있었다'와 같은 단어가 많이 나올 것이다. 챗GPT가 학습한 데이터는 인터넷 콘텐츠(82%), 책(16%), 위키피디아(3%)로 구성되어 있다. 각종 출처의 데이터를 바탕으로 학습했기 때문에 완성되지 않은 문장의 다음에 올 만한 단어를 제시할 수 있다. 이렇게 정답지를 가지고 학습하는 방식을 '지도 학습Supervised Learning'이라고 한다. 이 방식으로 학습할 경우, 분야별로 많은 글을 학습한 모델일수록 더 자연스럽고, 그럴듯한 결과를 생성할 수 있다.

챗GPT가 거짓말을 하는 이유도 여기에 있다. MS의 매출은 2019년 1천 368억 달러에서 2020년 1천 430억 달러로 올랐다. 그런데 챗GPT에게 "2019년보다 2020년에 MS의 매출이 하락한 이유를 말해 줘."라고 물어보면 코로나19, 경제 불안정성 등을 이유로 매출이 하락했다고 아주 그럴듯한 가짜 정보를 만들어 낸다. 질문을 보고 질문 내용과 어울리는 그럴 듯한 말들을 갖다 붙이기 때문에 이런 오류가 나오는 것이다.

STEP 2. 보상 모델(Reward Model):
모델의 정확도를 올리는 단계

잘못된 결과를 뱉거나, 자연스럽지 못한 말을 하는 문제를 보완하기 위해 두 번째 단계인 보상 모델을 적용해서 교육시킨다. 같은 질문을 여러 번 했을 때 챗GPT가 제각기 다른 답을 도출할 경우, 사람들이 직접 그중에서 적절한 답변에 가중치를 주어 순위를 매기는 것이다. 예를 들어, '코로나19에 걸렸을 때 적절한 대응책'에 대한 답변으로 챗GPT가 자가격리, 병원 방문, 마스크 착용, 재택근무라는 답변을 제시했다면, 이 중 가장 적합한 대답에 점수를 주는 것이다. 코로나19 질병 특성상 남들과 떨어져 있어야 해서 '자가격리'라는 답변에 많은 사람이 점수를 부여했고, '병원 방문'에는 낮은 점수가 부여됐다면 점수를 많이 받은 답변인 '자가격리'의 우선순위가 높아져 차후에 활용되는 것이다. 챗GPT가 공개된 지금은 챗GPT 사용 화면에 썸즈업Thumbs Up이나 썸즈다운Thumbs Down 버튼이 있어서 사용자들이 직접 답변에 대한 만족도를 표시할 수 있다. 전 세계 사용자들이 답변의 품질을 평가해 주는 셈이다. 어느 기준 이상의 썸즈업을 받으면 사용자들이 어떤 대답을 해야 만족하는지 학습하며 점점 고도화된다.

STEP 3. PPO(Proximal Policy Optimization):
모델의 체계를 완성하는 단계

PPO 알고리즘은 2단계까지 구조화된 시스템을 바탕으로 답변의 정확도를 높이는 단계다. 챗GPT는 이 과정을 통해 답변에 대한 문제점을 조정하고 옳은 답변이 무엇인지 학습하며 지속해서 성장한다.

PPO는 강화 학습 알고리즘 분야에서 모델을 최적으로 업데이트하는데 가장 우수한 성능을 보인다고 꼽히는 알고리즘이다. 사람이 답변에 점수를 부여하고 여기서 나온 결과를 바탕으로 챗GPT가 답변을 도출하는 체계를 최적화하는 과정이 PPO 알고리즘이다.

이처럼 챗GPT는 사람이 개입하여 만드는 모델이고 실시간으로 사람들의 데이터를 받아서 성장하는 체계이기 때문에 적응형 AI라고도 한다. 이러한 알고리즘을 기반으로 성장하다 보니 트랜스포머 기반의 문장 생성에서 때로 그럴듯한 거짓을 말하기도 하고, 또 그런 부분이 시간이 지나면 보완되기도 하는 장단점을 갖게 된다. 아직은 챗GPT가 성장하는 데 인간의 개입을 통한 파인튜닝이 필요하다는 구조적 한계가 있다 보니, 완전한 비지도 학습을 통한 성능 개량이 해결 과제로 남아 있다. 하지만 다양한 용도에서 강력한 성능을 보여 주는 모델인 것은 분명하며, 앞으로 생성형 AI는 텍스트뿐 아니라 이미지나 오디오 등을 통합하여 활용하는 멀티 모달Multi Modal로 진화하는 추세이므로 더 많은 가능성을 기대할 수 있을 것으로 보인다.

오픈AI는 2022년 11월에 챗GPT 3.5를 출시하고 4개월 만인 2023년 3월에 챗GPT 4.0을 선보였다. 챗GPT 3.5와 챗GPT 4.0은 어떤 점이 다를까.

1. 파라미터 Parameter 개수에 차이가 난다. 즉 인공 신경망에 있는 뇌세포의 개수가 더 많아졌다고 보면 된다. 3.5 버전에서는 1천 750억 개였고 4.0 버전에서는 정확한 수치가 발표되지 않았으나 100조 개 정도로 추정된다.

2. 기억력이 좋아졌다. 3.5 버전은 한번 대화할 때 단어를 최대 3천 개까지 기억할 수 있었으나, 4.0 버전에서는 2만 5천 개로 거의 6~7배가 향상됐다.

3. 챗GPT는 2021년 9월 이후의 데이터는 정책적으로 학습하지 않는 상태로, 4.0 버전도 최신 데이터에 대해 답변하지 못한다.

4. 3.5 버전은 텍스트로 입력하면 표와 텍스트로 출력하는 형태다. 4.0 버전은 영상이나 이미지도 이해할 수 있지만 출력은 아직 표와 텍스트로만 가능하다.

5. 무료로 공개된 3.5 버전과 달리 4.0 버전은 매달 요금 20달러를

지불해야 한다.

챗GPT 4.0은 더 정교한 이해력과 지식 향상을 통해서 다각도로 답변할 수 있게 되었다. 챗GPT 3.5 버전과 4.0 버전에 각각 "1+1이 10이 될 수 있을까?"라는 질문을 던져 봤다. 3.5 버전은 "아니요. 10이 되기 위해서는 다른 연산이 필요합니다."라고 답했지만 4.0 버전은 "이진수 체계에서는 가능합니다."라고 대답하며 연산을 설명한다. 가장 눈에 띄는 차이는 이미지의 맥락까지도 이해할 수 있다는 점이다. 예를 들어 공중에 띄워 놓은 풍선 사진을 보여 주고 풍선을 달고 있는 줄을 자르면 어떻게 될지 물었을 때, 4.0 버전은 "날아간다."라고 대답한다. 이미지를 보고 상황과 맥락을 추론하는 것이다.

> 4 <

챗GPT의 작동 원리

알파고가 기보에 없는 수로 바둑을 두었던 것처럼 챗GPT는 입력된 정보를 그대로 뱉는 것이 아니라 새로운 문장을 스스로 만든다. 이는 어떤 원리로 가능한 것일까.

G(Generative): 생성형 AI와 작동 원리

><

생성형 AI가 기존의 다른 AI와는 어떻게 구분되는지 알기 위해 다음 그림을 참고하면 인공지능 사이의 위계를 이해할 수 있다.

생성형 AI는 명령어(프롬프트)에 대해서 텍스트나 비디오, 이미지, 오디오, 코드 등의 새로운 콘텐츠를 생성한다. 생성형 AI 자체는 챗GPT뿐만 아니라 매우 다양한 영역에서 활용되고 있는 인공지능 기술이다. 다만 AI가 만든 새로운 콘텐츠는 세상에 존재하지 않는 것을 창

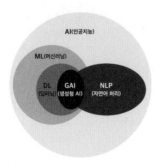

조한 것이 아니라 기존에 있는 콘텐츠를 참고하여 만든 것이다. 그래서 기존 콘텐츠를 학습해 새롭게 생성할 수 있도록 지도 학습과 비지도 학습을 모두 사용하는 '준지도' 알고리즘을 포함한다.

모든 AI 모델은 데이터를 학습한다. 데이터를 학습하는 2가지 주요 방식이 바로 비지도 학습과 지도 학습이다. 이 방식을 구분하는 포인트는 '답이 있는 데이터를 활용하는가?'에 있다. 지도 학습은 정해져 있는 답을 입력하여 그대로 암기시키는 방식이다. 반대로 비지도 학습은 학습 알고리즘에서 정답이 되는 출력을 제공하지 않으므로 AI가 스스로 추론하여 상관관계와 패턴을 찾아내야 한다. 즉 도형을 학습시킬 때, 지도 학습에서는 사각형과 원의 모양과 이름을 그대로 입력시키지만 비지도 학습에서는 데이터에서 '모서리가 4개라면 사각형이고 모서리가 없는 것은 원'이라는 특성을 스스로 파악하여 답을 도출하는 것이다.

이처럼 스스로 추론이 가능한 이유는 AI에 인공 신경망ANN이 있기 때문이다. 이는 인간의 두뇌 속 신경세포인 뉴런을 모방한 것인데,

뉴런이 서로 연결하여 정보를 전달하고 처리하듯이 인공 신경망에서는 이러한 작동 원리를 그대로 구현했다. 인공 신경망에서 뉴런의 역할을 하는 것은 '노드Node'다. 수많은 노드는 입력과 출력 사이에서 데이터들의 관계를 학습하거나 예측하는 데 사용된다.

또한 챗GPT를 비롯한 생성형 AI를 이해하기 위해서는 딥러닝 개념을 빠뜨릴 수 없다. 머신러닝은 사람이 일일이 지시하지 않아도 컴퓨터가 스스로 데이터 패턴을 학습하는 모델을 말하는데, 딥러닝은 인공 신경망을 통해 대량의 데이터를 학습하여 의사결정에 필요한 특징을 추출하고 판단하는 기술이다. 그래서 딥러닝은 현재 많은 AI의 기반이 되고 있는 기술이기도 하다.

딥러닝의 한 종류로 생성적 적대 신경망GAN 프레임워크가 있다. 이는 훈련 데이터셋으로부터 학습하여 훈련 데이터와 동일한 특성을 가진 새로운 데이터를 생성한다. 생성적 적대 신경망은 생성자와 식별자가 서로 경쟁하며 데이터를 학습하는 구조인데, 생성자는 가짜 데이터를 생성하고 식별자는 그 가짜 데이터를 진짜와 구분하도록 훈련된다. 생성자는 최대한 가짜 데이터를 진짜와 가깝게 생성해야 하고, 식별자는 그 데이터가 현실과 너무 동떨어져 있을 때 일종의 '벌점'을 부여한다. 이를 기반으로 생성자는 더욱 진짜 같은 가짜 데이터를 생성하고, 식별자는 이를 구분하면서 성능을 개선한다. 이렇게 속이고 구별하는 과정을 지속하면서 성능이 올라가고, 결과적으로 현실과 거의 구별하기 어려운 새로운 콘텐츠를 만들어 낼 수 있게 된다. 그래서 방대한 인물 사진으로 훈련된 생성적 적대 신경망은 완전히 새로운 인물의 얼굴을 생성할 수 있다. 챗GPT가 학습된 텍스트를 바탕으로 새로운 텍스트 콘텐츠를 생성하는 것도 이와 같은 원리다.

P(Pre-trained): 어떤 데이터로 사전 학습할까

✕

챗GPT는 언어 모델 중에서도 대규모 언어 모델인(Large Language Model, 이하 LLM)에 해당하는 동시에 딥러닝 사전학습Pre-trained 언어 모델이기도 하다. 수백만 개의 대용량 텍스트 데이터를 통해서 문법은 물론 콘텐츠의 내용을 익힌다. 이러한 대량의 사전 학습을 통해서 사용자에게 가장 적절한 답변을 생성해 낼 수 있다.

챗GPT를 학습시키는 텍스트의 구성을 살펴보면 다양한 인터넷 콘텐츠 82%, 책 16%, 위키피디아가 3%로 되어 있다. 여기서 사용된 데이터셋은 크게 Common Crawl, WikiText 등으로 나눠볼 수 있는데, 이 중에서 Common Crawl 데이터셋은 인터넷상의 수많은 웹페이지를 수집한 데이터이다. Common Crawl은 인터넷에 존재하는 대부분의 웹페이지를 크롤링한 데이터셋이기 때문에, 그만큼 다양한 언어와 주제에 대한 정보를 포함하고 있다. 해당 데이터셋은 주기적으로 업데이트되어 수백 테라바이트 이상의 데이터가 저장되어 있다고 알려져 있다. 이처럼 Common Crawl은 방대하고 다양한 데이터로 구성된 웹페이지 데이터셋이라는 특징이 있으므로 자연어(일반 언어) 처리 분야에서 가장 많이 사용되는 데이터셋 중 하나이기도 하다.

챗GPT는 텍스트 기반 모델이지만 실제로는 텍스트 이외에 비디오나 오디오 데이터셋도 학습했다. 오디오와 비디오 데이터의 경우에는 그 안에 있는 텍스트를 추출하여 텍스트로 변환된 형태로 학습된다. 특히 비디오 데이터와 오디오 데이터는 이미지 혹은 스펙트로그램Spectrogram 등의 형태로 변환되어 사용되었다. 스펙트로그램이란 오디오 신호의 주파수 변화를 시간에 따라 시각화한 것으로, 오디오 신호에서 각 주파수 대역의 세기를 시간 축에 따라 시각적으로 표현하며 시간, 주파수, (소리의) 세기까지 3차원의 정보를 나타낸다. 스펙토그램은 주로 오디오 처리 분야에서 널리 사용되며 음악, 음성 등 소리의 특성을 분석하고 이해하는 데 유용하다.

T(Transformer): 의미와 맥락을 이해하는 인공지능

><

챗GPT의 성능은 방대한 학습 데이터와 트랜스포머Transformer 기술에 기반하고 있다. 트랜스포머는 문장 속의 단어와 같은 순차 데이터 내의 관계를 추적하여 그 의미와 맥락을 학습하는 인공 신경망을 말한다. AI의 혁신을 견인하는 파운데이션 모델이라는 평가를 받을 정도로 사실상 인공 신경망 모델에 기반이 되는 기술이기도 하다.

챗GPT 관련된 내용에 항상 따라오는 LLM이라는 말이 있다. LLM은 언어 모델에 'Large'를 추가시킨 '대규모 언어 모델'을 말한다. 언어 모델은 단어의 배열을 자연스럽게 만들어 문장을 생성하는데, LLM은 말 그대로 대규모 데이터셋을 기반으로 다양한 텍스트를 인식하며 요약, 번역, 예측, 생성할 수 있다. 순차 데이터의 맥락과 의미를 학습하는 인공 신경망인 트랜스포머가 바로 이 LLM 모델을 구현하는 역할을 했다. 또한 트랜스포머 알고리즘은 학습할 데이터를 순차적으로 처리해야 했던 과거와 달리 데이터를 병렬식으로 처리하여 학습 속도가 매우 빠르기 때문에 대규모 데이터셋 학습의 기반을 만들어 주었다.

인공 신경망이 등장하기 전에는 SLM Statistical Language Model 이라는 통계적 언어 모델을 사용했다. SLM은 검색 포털의 검색어 자동 완성 기능처럼, 주어진 단어를 토대로 다음에 올 가장 자연스러운 단어를 예측하는 역할을 한다. 예를 들어 '나는 공원에'라는 문장 다음에 올 단어를 예측해 보면, '나는 공원에 갔다' 혹은 '나는 공원에 있는' 등 여러 후보 단어들의 확률을 추정할 수 있다. 인공 신경망이 등장한 이후의 언어 모델은 SLM과 달리 적합한 단어의 배열을 찾는 데 그치지 않고 서로 떨어져 있는 문장 내 단어의 관계와 맥락까지도 파악하며 문장을 생성할 수 있다. 그래서 인간과 가까운 수준의 이해력을 바탕으로 훨씬 자연스러운 결과물을 만들 수 있는 것이다.

언어 모델이 단어의 배열을 파악할 때 단어의 배열을 시퀀스라고 하는데, 그 방향에 따라서 역방향과 순방향으로 나뉜다. 챗GPT는 사람이 이해하는 순서대로 단어를 배열하는 순방향 모델이다. 트랜스포머는 시퀀스 간에 변환이나 응용이 가능하므로 한글에서 영어로 번역할 수 있지만 '특정 데이터'라는 처음 상태의 시퀀스에서 '결과 예측'이라는 이후 상태로 시퀀스를 전환할 수도 있다. 또한 양방향 예측 모델로 설계되었기 때문에, 기존에 주어진 문장 다음에 올 말을 예측하는 것뿐만 아니라 그 중간에 들어오는 단어도 예측할 수 있다.

이런 작업을 수행하기 위해 트랜스포머는 인코더와 디코더라는 2개의 파트로 구성되어 있다. 인코더는 소스 시퀀스의 정보를 압축하며 디코더는 압축된 정보를 받아 새로운 시퀀스를 생성한다. 인코더와 디코더는 트랜스포머 내에 여러 개를 쌓아서 사용함으로써 정확도를 향상시킨다. 인코더와 디코더는 서로 다른 목적과 역할을 가지고 함께 동작하여 번역, 요약, 대화 생성 등 다양한 자연어 처리 작업을 수행하는 데 사용된다. 인코더는 입력 문장을 의미 있는 벡터 표현으로 인코딩하고, 디코더는 인코딩된 벡터를 활용하여 출력 문장을 생성한다. 이러한 인코더와 디코더의 조합은 자연어 처리 작업에서 효과적인 결과를 도출하는 데 도움을 준다.

트랜스포머의 높은 성능은 어텐션Attention 메커니즘에서 나온다. 어텐션 메커니즘은 서로 떨어져 있는 단어(데이터 요소)들의 의미가 문맥마다 달라지는 부분을 반영하도록 구현된 메커니즘이다.

어텐션 메커니즘이란 순차적 단어 배열(시퀀스)에서 중요한 특정 요소에 '집중'하여 작업의 성능을 올리는 기능이다. 어텐션은 단어들의 문맥적 관계성을 파악할 수 있도록 하는 기능으로 트랜스포머의 핵심 기법이다. 이를 통해 기존 언어 모델과 달리 문맥을 파악할 수 있는 것이다. 어텐션 메커니즘에서는 쿼리Query, 키Key라는 2가지 척도를 통해 어텐션 점수를 계산해 문맥적인 관계성을 추출하게 된다.

검색에 비유하자면, 유튜브에 검색어를 입력할 때 검색 상자에 들어가는 텍스트가 쿼리, 검색 결과가 키다. 쿼리에 가장 잘 맞는 키를 찾기 위해서는 쿼리와 키 사이의 유사성을 구하는데, 이때 계산한 유사도에 따라 해당 부분의 중요도를 판단하게 된다.

　인간은 어떤 정보가 들어왔을 때 그 정보 전체에 균일하게 집중하고 이해하지 않는다. 대신 소수의 주요 정보에만 집중하는데, 어텐션 메커니즘은 바로 이를 기반으로 만들어졌다. 일례로, 배우 '이영애'가 등장한 장면과 "너나 잘하세요."라는 대사의 조합을 주고 무슨 영화 장면이냐고 묻는다면 영화 〈친절한 금자씨〉라고 답할 수 있다. 이 물음에 답하기 위해 영화의 모든 장면과 내용을 전부 알고 있을 필요가 없다. 배우 이름과 대사가 주요 정보이기 때문이다. 이런 인간의 직관력처럼 트랜스포머의 어텐션은 입력 내용의 길이와는 관계없이 중요한 부분에 '집중'할 수 있도록 하는 기술로, 이것이 트랜스포머의 강점이다.

⟩ 5 ⟨

챗GPT가 보여 주는 가능성

챗GPT의 등장 이후 기존에도 커지고 있던 AI 시장이 더욱 확대되면서 챗GPT를 도입한 기업들도 빠르게 늘어나고 있다. 국내에서도 다양한 기업들이 챗GPT를 활용하고 있는데 그 사례를 살펴보면 아직까지는 간단한 정보 제공을 위한 챗봇 형식으로 사용되는 경우가 가장 많다. 학습이나 골프, 코딩 등 특정 영역에 대해 전문적인 답변을 제공해 주는 챗GPT의 기능은 실제로 매우 흥미롭다.

사람들은 기술에 굉장히 빠르게 적응한다. 간단한 정보 제공이나 채팅 기능은 '반짝' 흥미를 끌고 사라질 가능성이 높다. 앞으로는 단순히 챗GPT의 신기능을 선보이는 데 그칠 것이 아니라, 챗GPT를 기업 서비스에 적용하여 서비스를 고도화하는 단계로 나아가야 한다. 즉 챗GPT를 활용한 각 기업의 서비스가 자연스럽게 사람들의 일상에 자리 잡고 지속하는 데 주력해야 한다. 이러한 프로세스를 구축했을 때 성공적으로 챗GPT를 비즈니스에 도입했다고 볼 수 있다. 비즈니스에서 챗GPT와 같은 초거대 언어 모델을 활용할 수 있는 범위는 점점 더 다양해질 것이다. 더구나 챗GPT는 현존하는 AI 중 자연어 처리 능력이 최고 수준이며, 이를 활용할 수 있는 분야는 단순히 텍스트나 언어 영역에만 한정되지 않는다. 챗GPT를 어떻게 적용하느냐에 따라서 완전히 새로운 시장이 열릴 수 있다.

지금까지도 그랬지만 더 이상 암기식 지식은 우리가 앞으로 필요한 일들을 수행하는 데 큰 도움이 되지 않을 것이다. 챗GPT와 같은 초거대 언어 모델이 이미 방대한 데이터를 학습했으므로, 우리는 이를 바탕으로 어떤 작업을 수행할 수 있을지 생각해야 한다. 챗GPT와 같은 생성형 AI가 사람의 노동이 필요했던 영역을 자동화하거나 획기적으로 시간을 단축해줄 수 있기 때문에 AI가 사람의 일자리를 대체할 것에 대한 우려의 목소리도 있다. 그러나 이를 두려워하기보다는 AI를 인간이 일하는 환경 속에서 어떻게 적용하여 사용할지, 어떻게 업무 생산성을 올리고 더 창의적인 작업을 수행할 수 있을지 고민하는 것이 더 중요하다. 이를 위해서 AI를 피할 것이 아니라 가능성과 한계, 그 원리를 더 깊게 이해하려 노력해야 한다.

카카오와 네이버의 한글 특화형 GPT

① 카카오브레인의 KoGPT

챗GPT는 다양한 언어를 사용하지만 아직까지 영어 환경에서 더 좋은 성능을 보이고 있다. 이에 카카오브레인은 한국어에 특화된 한국형 언어 모델 KoGPT를 선보였다. 기본 수행 능력은 챗GPT와 비슷하지만, 한국어 데이터 약 60억 개의 파라미터와 2천억 개의 토큰을 바탕으로 한국적인 표현이나 문맥을 더 밀접하게 이해할 수 있다.

카카오는 KoGPT를 기반으로 시 쓰는 AI '시아'를 출시하기도 했다. 1만 3천여 편의 시로 작법을 학습하여 주제나 명령어만 입력하면 시를 짓는다. 비유나 은유를 활용하여 시를 쓸 수 있는 이유도 역시 한국어를 기반으로 하고 있기 때문이다. 또 최근에는 카카오톡을 통해 구현되는 '다다음ddmm'이라는 AI 챗봇 서비스를 공개하기도 했는데, '세상 모든 정보를 대화로 검색할 수 있게 한다'는 비전을 내걸고 다양한 검색 정보를 제공한다. 챗GPT와 가장 큰 차별점은 텍스트뿐 아니라 명령어에 걸맞는 이미지 생성도 가능하다는 점이다.

② 네이버의 하이퍼클로바X

네이버에서도 기존의 '하이퍼클로바'를 발전시킨 '하이퍼클로바X'를 8월에 공개할 예정이다. 챗GPT보다 한국어를 6천 5백 배 더 많이 학습하여 한국어와 국내 문화나 정보에 최적화된 서비스를 제공할 것으로 기대되고 있다. 또 네이버의 방대한 검색 데이터를 이용하여 국내 상황에 맞는 정보를 얻을 수 있는 AI 챗봇 서비스를 출시할 예정이다. 해당 서비스는 '큐:Cue:'라는 이름으로 올해 9월 베타 서비스가 공개된다.

Chapter 2

×

챗GPT의 도입은 결국 데이터 싸움이다

> 1 <

데이터는 돈이 되지 않는다

누군가는 '데이터는 미래의 원유'라면서 데이터를 모으면 큰돈을 벌 수 있는 것처럼 얘기하지만 데이터 사업을 오랫동안 해 온 나는 데이터가 돈이 되지 않는다고 생각한다. 데이터가 의미 없다는 이야기가 아니다. 데이터를 모으기 위해 들어간 비용과 대비해 사람들이 기꺼이 지불하려는 금액은 터무니없이 적은 경우가 많기 때문이다.

2017년에 데이터마케팅코리아를 창업한 이후 하루 40만 건이 넘는 소셜 데이터를 크롤링하고 정제하여 플랫폼에 저장하고 있다. 이를 유지하기 위해서는 서버와 개발자 인건비 등 상당히 큰 비용이 들어간다. 그런데 가까운 사람일수록 이 데이터를 공짜로, 아니면 아주 적은 비용에 달라고 쉽게 말하는 경우가 많다. "그냥 서버에 있는 거 잖아. 간단하게 분석해 보려는 거니까 조금만 줘." 하는 식이다. 물론 요구하는 데이터를 금방 추출해서 주는 것 자체가 어려운 일은 아니다. 그렇지만 힘들고 비싸게 관리하고 있다는 점을 인정받지 못하는

느낌이 들 때마다 데이터가 정말 비즈니스적인 가치가 있는지 회의감
이 들곤 한다.

　한번 생각해 보자. 만약 당신이 온라인 사이트에서 무엇을 검색
했는지, 어떤 쇼핑몰에 찾아가 어떤 상품을 구매했고, 또 어떤 사이트
에서 리뷰를 남겼는지에 대해 매달 정보를 제공받는다면 얼마의 비
용을 지불할 수 있을까? 이 정보를 알기 위해서 월 1천만 원을 지불할
사람이 있을 것인가? 아마 월 1백만 원도 쉽지 않을 것이다.

　그렇다면 당신은 평생 몇 번이나 감기에 걸렸는지 알고 있는가?
어릴 때는 어떤 감기약을 먹고 금방 회복했는데, 지금은 어떤 감기약
을 먹어야 효과가 있는지 파악하고 있는가? 우리는 이렇게 간단한 감
기 이력조차 알지 못한다. 그런데 감기가 심해져서 폐렴으로 악화되
어 생명이 위험해진 상태라고 가정해 보자. 이때 당신이 복용하면 바
로 회복될 수 있는 약에 대한 정보가 있다. 그렇다면 이 데이터에는
얼마까지 지불할 수 있을까? 아마 아무리 비싼 값이라 해도 비용을 지
불하고 생명을 건지려고 할 것이다.

　그러나 전자의 온라인 구매 관련된 데이터보다 후자 쪽의 의료
관련된 데이터가 양도 적고 수집하기도 오히려 쉬울 수 있다. 데이터
의 가치는 이런 것이다. 사용하는 사람에게 큰 가치를 주지 못하면 아
무리 많은 데이터를 가지고 있더라도 전혀 쓸모가 없다. 반대로 사용
자에게 가치를 주는 데이터는 양이 적고 쉽게 모았더라도 큰 수익으
로 이어질 수 있는 것이다.

　미국에 본사를 둔 피스칼 노트Fiscal Note라는 정책 지능 플랫폼 기
업이 있다. 현재 기업 가치는 1조 3천억 원 수준이며 2022년 매출이

2천 1백억 원을 기록한 유니콘 회사다. 이 회사에서는 미국의 법안이 언제 통과될지 예측하는 데이터를 제공한다. 미국 법안의 통과 여부는 수많은 비즈니스와 관련되어 있기 때문에 전 세계 기업 및 기관에서 주목하고 있는 정보나. 어떤 법안들이 발의되고 계류되어 있으며, 각 법안에 대해 어떤 의원들이 찬성 및 반대를 하고 있는지, 각 의원의 영향력은 어떠한지 등의 분석 결과는 각 기업에서 정부의 정책 변화를 예측하고 이에 따른 비즈니스 전략을 수립하는 데 중요한 정보가 된다. 그래서 이 회사는 데이터 수준에 따라 4천만 원에서 10억 원대의 거액까지 라이선스 계약을 체결하여 엄청난 기업 가치를 창출하고 있다.

결국 데이터 그 자체가 돈이 되는 것이 아니라, 데이터를 필요한 사람에게 딱 맞게 가공하여 제공할 때 비로소 그 데이터는 엄청난 가치를 갖게 되는 것이다.

⟩ 2 ⟨

원석을 보물로 만들기 위한 데이터

현재 전 세계에서 데이터로 큰돈을 벌 것으로 기대되는 서비스는 단연 챗GPT다. 특히 각 기업에서 챗GPT를 비즈니스에 접목했을 때 챗GPT는 기업이 가지고 있는 방대한 양의 데이터를 학습한 뒤에 가장 효과적으로 분석하고 체계적으로 관리하여 인사이트를 주는 든든한 역할을 수행할 것이다.

생각보다 데이터를 체계적으로 관리하거나 분석하지 않고 있던 기업들이 많다. 혹은 데이터 분석이 중요하다는 것은 알지만, 또렷한 목표 없이 데이터 분석을 그저 기계적으로 진행하는 경우도 있다. 데이터 분석에 대한 목표가 없다면 설령 구글 본사에서 가져온 데이터를 챗GPT가 분석한다 한들 제대로 활용하기 어렵다.

데이터 분석의 목표는 한 마디로 우리가 직면한 비즈니스 문제를 해결하는 것이다. 우리는 비즈니스를 하면서 크고 작은 문제들을 무수히 직면한다. 갑자기 매출이 하락하기도 하고, 심혈을 기울여 개발한 신제품이 별다른 반응을 얻지 못하기도 한다. 또 막강한 경쟁자의 등장으로 고객을 빼앗길 위기에 처하기도 하고, 더 큰 성장을 위해 매력적인 마케팅을 기획해야 하는 상황에 놓이기도 한다. 특히나 실무자들은 필연적으로 광고와 관련한 구체적인 고민을 하게 될 것이다.

"광고 성과가 괜찮은데 며칠 더 운영해도 괜찮을까, 아니면 이쯤에서 소재를 변경해야 할까?"
"이번 광고 모델은 꾸준히 예능에 나오는 배우로 할까, 갑자기 주목받는 배우로 할까?"
"주어진 예산에서 TV 광고를 하는 게 효과적일까, 아니면 SNS 광고가 더욱 효과적일까?"

이는 대부분의 기업에서 직면하는 고민이지만 정해진 답은 없다. 비즈니스는 끊임없이 변하는 상황 속에서 시장, 고객, 경쟁사와 같은 여러 가지 요소들을 고려하여 선택하는 과정이기에 상황에 맞는 최적의 답은 시시각각 달라질 수 있다. 그리고 이렇듯 상황에 맞는 최적의 답을 찾을 때 필요한 것이 바로 '데이터'다. 최근에는 '호모 데이터쿠스'라는 말이 생겨나고, 데이터를 다룬 도서들이 베스트셀러가 될 만큼 우리는 데이터 속에서 일상을 살아간다. 자연히 많은 기획 및 마케팅 담당자들은 경쟁력을 갖추기 위해 가장 중요한 것으로 데이터를 꼽으며, 데이터를 통해 새로운 트렌드를 예측하거나 기존의 성과를 다시 한번 분석하는 등 다양한 분야에 활용하고 있다. 예전에는 기업에서 마케팅을 위한 의사결정을 대부분 경험이나 촉에 근거한 '감感'

에 의지했다. 그러다 보면 애써 고민한 결과물도 고객의 마음에 정확하게 꽂힐 가능성이 복권 당첨 확률만큼이나 낮은 경우가 많았다. 하지만 디지털 시대, 나아가 인공지능의 시대에는 많은 것이 달라졌다. 여전히 창의적이고 기발한 인사이트를 도출하는 것은 중요하지만, 풍부한 데이터를 통해 사람들의 욕망이나 불만까지 대부분을 수치화하여 관련 인사이트를 얻는 것도 중요해졌다. 심지어 그 과정은 간단하고 정확해졌다.

비즈니스에서 목적에 맞는 데이터를 효과적으로 활용하기 위해서는 데이터의 종류와 특성부터 파악할 필요가 있다. 기업에서 사용되는 데이터는 크게 내부 데이터와 외부 데이터로 나뉜다. 내부 데이터는 고객 정보나 판매 정보와 같이 우리 기업만이 보유할 수 있는 기업 내부에 쌓이는 데이터다. 그리고 외부 데이터는 검색 데이터, 버즈 데이터, 공공 데이터와 같이 기업 외부에서 생성되는 데이터다. 이 중 내부 데이터는 소비자의 마음을 얻기 위해서 꼭 필요한 자산이라고도 할 수 있다. 나 자신을 잘 알아야 다른 사람들과 관계를 맺을 수 있는 것처럼, 기업이 소비자와 밀접한 소통을 할 수 있는 방법도 같은 맥락이다. 특히 빅데이터 시대의 인공지능 마케팅은 소비자 개개인의 취향과 니즈를 파악해 맞춤형 제안을 통한 구매 유도를 추구하기에 내부 데이터를 구체적으로 파악하고 분석하는 것은 더더욱 중요하다. 인공지능이 등장하면서부터 이러한 데이터의 분석 방법이나 활용 범위는 이전과 완전히 달라졌다.

인공지능 등장 이후의 대표적인 차이점으로 머신러닝을 꼽을 수 있다. 예전에는 사람이 미리 답변의 기준을 잡아 두는 룰베이스Rule-

Base 시스템으로 데이터 분석을 처리했다. 예를 들어, '우리 회사의 검색량이 30% 이상 급증하면 알려 달라'고 규칙을 정해 두면 컴퓨터가 알려 주는 것이다. 즉, 컴퓨터를 활용하기는 하나 모든 것을 인간이 미리 기준을 잡아서 고도화하고 관리해야 했다.

이와 비교해 데이터 관리에 인공지능이 투입된 현재에는 인공지능에게 '이 문서들에서 유사한 것들을 뽑아 달라'고 지시만 하면 인공지능이 스스로 기준을 세워 유사한 것들을 뽑아 준다. 머신러닝을 통해 스스로 학습한 뒤 군집을 만드는 알고리즘에 의해 기준을 세우고 분류하는 것이다. 그뿐만 아니다. 사람이 분석의 기준을 고도화하거나 관리할 필요가 없다. 인공지능 스스로 학습을 통해 자신의 능력을 고도화하고 관리하기 때문이다.

이처럼 인공지능은 지금껏 인간이 단순 반복하던 일을 더 빠르고 정확하게, 심지어 더 똑똑하게 해내고 있다. 한 사례로 기업의 소중한 내부 자원인 콜센터 고객상담 데이터의 경우, 내용을 분류하는 과정에서 다양한 오류가 발생할 수 있다. 보통 콜센터나 쇼핑몰 구매 후기 등을 통해 수집된 고객불만사항이나 요구사항, 문의사항 중 비슷한 내용을 묶어서 카테고리로 분류한다. 이것이 상담코드다. 상담원이 고객불만사항을 들은 후 해당 내용을 자신의 판단으로 분류하여 상담코드를 찍는다. 그런데 이때 인간 상담원의 경우 두 가지의 큰 오류가 생길 수 있다. 한 명의 고객이 하나의 불만이나 질문만 있는 것이 아닌 경우 상담원은 여러 개의 코드를 선택해야 하는데, 이것이 불편하고 헷갈릴 때가 많다. 그래서 두루뭉술하게 통합하여 대표 코드를 찍곤 한다. 두 번째는 상담원이 코드를 일일이 찍기 귀찮거나 확신이 서지 않을 때는 그냥 '기타'로 분류하는 경우도 많다.

　이처럼 상담원이 코드를 찍을 때 발생하는 오류를 보완하기 위해 인공지능이 투입될 수 있다. 인공지능은 고객의 음성을 그대로 텍스트로 전환하고, 그 텍스트를 분석하고 분류하여 상담코드를 입력한다. 이때 머신러닝, 즉 인공지능이 인간의 음성을 듣고 어떤 내용인지를 많이 학습하고 준비해 둘수록 텍스트 분석의 정확도가 높아진다. 또 해당 업무를 하면 할수록 더 많은 데이터가 입력되기에 인공지능은 점점 더 똑똑해지고 업무의 정확도 또한 높아진다. 따라서 인공지능은 비즈니스의 핵심 요소인 데이터를 관리하는 데 있어 가장 강력한 도구 중 하나라고 할 수 있다.

> 3 <

데이터를 비즈니스에
어떻게 적용할까

기업이 가진 가장 중요한 자산이라고 할 수 있는 데이터를 AI로 더 효과적으로 분석하고 파악한 이후, 어떻게 기업의 제품이나 서비스를 고도화해야 할까? 단번에 모든 영역을 업그레이드하려고 하지 말고 업무 프로세스가 잘 정의된 영역부터 하나씩 고도화하면 좋다. 마케팅 영역에서 데이터 분석 기술을 어떻게 적용할 수 있는지 실무를 바탕으로 이해해 보자.

모든 마케팅 ROI를 정량화한다

><

마케팅에서 AI 기술을 통해 하고 싶은 것은 하나다. 마케팅에 사용한 '투자비용 대비 얼마의 매출을 얻게 됐는지 ROI: Return On Investment'를 계산하고 최적화하는 것이다. 마케팅이라는 영역이 창의성이 중시되는 일이다 보니 '감'에 의해 결정되는 경우가 많았다. 그러나 2010년을 기점으로 TV, 라디오, 신문, 잡지에 집행되던 광고비보다 인터넷 매체 집행 규모가 확장하면서 시장이 변화하기 시작했다. 인터넷 광고를 집행하면 온라인상에 흔적이 남는다. 소비자가 무엇을 검색했고, 어떤 배너광고를 보고 어디로 이동했고, 어떤 콘텐츠에 반응했고, 어떤 물건을 장바구니에 담았는지 등 모든 행동 패턴을 지켜볼 수 있게 된 것이다. 소비자들의 구매 과정을 관찰할 수 있게 되면서 어떤 고객에게 어떤 마케팅을 해야 할지에 대한 정확한 근거가 생겼다. 현업에서 요구하는 분석 주제를 요약하면 크게 9가지로 볼 수 있다. 상품, 채널, 콘텐츠, 광고, 고객, 시장, 인프라, 가격, 브랜딩 주제이며 모든 분석 목표는 매출 극대화로 귀결된다.

마케팅에서 가장 중요한 한 가지를 꼽자면 당연히 상품이다. 경쟁력 있는 상품을 만들기 위해 시장, 고객, 경쟁 상품 등을 분석해야 한다. 소비자와 대화를 하는 창구가 채널이고 우리 제품에 딱 맞는 장소를 설정하는 채널 믹스 전략을 찾아야 한다. 소비자를 설득하려 채널에 올리는 것이 콘텐츠다. 후킹되는 콘텐츠를 만들기 위해 배너 문구부터 콘텐츠 형식까지 분석하고, 콘텐츠를 퍼뜨리기 위해 광고를 집행한다. 막대한 비용이 쓰이기 때문에 효율적으로 광고를 집행해야 한다. 이때 필요한 것이 광고 퍼포먼스 분석이다. 상품을 잘 팔려면 기업은 고객이 누구인지 알아야 한다. 고객은 항상 변하며, 같은 고객이라도 상황에 따라 다른 페르소나가 나타난다. 성장하는 시장에서 사업하는 것이 유리하므로 시장의 트렌드를 알아야 한다. 마케팅을 위해 사용되는 인건비, 장비, 솔루션 등 인프라 비용의 적정성을 살펴보고, 경쟁사 대비 적정한 '가격'을 책정하고 있는지도 파악해야 한다. 브랜딩은 기업이 얘기하는 제품 가치와 소비자가 생각하는 제품 이미지의 간극을 줄이는 과정을 말한다. 이 사이에는 항상 인식의 차이가 존재하기 마련이라, 이 거리를 어떻게 줄일 수 있을지 연구해야 한다.

대기업일수록 9가지 영역의 부서가 따로 존재하고, 각 부서는 회사가 아닌 자신의 목표를 달성하기 위해서 일한다. 상품은 전혀 문제가 없는데 콘텐츠를 못 만들어서 소비자에게 어필이 안 된다고 가정해 보자. 그렇다면 당연히 상품 개선 활동보다는 콘텐츠를 더 잘 만들기 위한 비용을 투입해야 한다. 그러나 상품 팀장에게 콘텐츠를 더 잘 만들겠다며 가지고 있는 예산을 달라고 하면 나눠 줄까? 각 주제 영역을 최적화하기보다 9대 영역 전체를 동시에 살펴보고 가장 시급한 분야의 문제부터 해결하는 것이 합리적이다. 부서 간의 갈등을 푸는 유일한 방법은 데이터다. 데이터로 현황을 정리하고 같이 들여다보면 자연스럽게 무엇을 먼저 해야 하는지 의사결정이 된다. 이것이 데이터 기반 의사결정 체계를 만드는 방법이다.

데이터로 분석하는 시장 트렌드

✕

'샐러드'라는 단어의 검색량은 지난 3년간 점점 올라갔을까, 내려갔을까? 초기 1.5년 동안은 계속 상승하는 추세였고, 후반 1.5년 동안은 오르락내리락하는 상태다. 계속 검색량이 올라간다는 것은 사람들의 관심도가 증가한다는 얘기다. 이때 샐러드 사업을 하면 돈을 번다. 실제로 이 시기에는 중소기업부터 대기업까지 샐러드 사업에 뛰어들어 재미를 봤다. 그러나 지금은 올라갔다 내려가는 패턴이 잡혔기 때문에 정확한 원인을 알아야 한다. 샐러드의 검색량이 가장 많이 나오는 때는 6월이다. 몸매를 노출해야 하는 여름이 다가오며 샐러드를 먹는 것이다. 이후 여름이 지나면 샐러드 검색량은 급속하게 떨어진다.

　　더 재밌는 사실은 샐러드 관련 서비스도 어떤 이름을 사용하는지에 따라 사업의 흥망성쇠가 좌우된다는 점이다. '샐러드 정기 배송', '샐러드 정기 배달', '샐러드 배달', '샐러드 배송', '샐러드 구독' 모두 비슷한 성격의 서비스지만 어떤 이름은 소비자들이 전혀 검색하지 않고 어떤 이름은 많이 검색한다. 3년 전에는 '샐러드 배달'이 1위였지만 지금은 '샐러드 정기 배송'이 역전했다. 한 글자 차이인데 '샐러드 정기 배송'은 1위고 '샐러드 정기 배달'은 꼴찌다. 이때 배송과 배달의 뉘앙스부터 어원적인 의미, 사회 통념적으로 받아들이는 개념 등 많은 것을 생각하지만 그럴 필요가 없다. 데이터가 말하는 대로 받아들이면 된다. 이제 당신이 샐러드 관련 서비스 이름을 짓는다면 무엇으로 하겠는가? 당연히 '샐러드 정기 배송'으로 하면 된다. 데이터는 인문학적인 해석이 필요한 것이 아니라, 보이는 그 자체가 답일 때가 많다. 특히 해당 산업군에 정통한 지식이나 경험을 가지고 본다면 더 잘 이해할 수 있다.

　　이렇듯 시장의 전체 트렌드를 이해하기 위해서는 기업이 속한 산업에 관련된 모든 단어를 정리해 봐야 한다. 그러고 나서 검색량 등

시장 흐름을 볼 수 있는 데이터를 파악하면 된다. 단어가 무수히 많을 것 같아도 실제로 해 보면 생각보다 금방 끝난다. 이렇게 만들어진 데이터에 챗GPT를 이용해 프롬프트를 설계하면 자동으로 시장의 움직임과 이유를 보고하는 챗봇을 만들 수 있다.

> 4 <

데이터,
버릴수록 가치가 생긴다

데이터를 분석할 때 내게 꼭 필요한 데이터들만 수집되면 좋겠으나 수많은 데이터 안에는 나와 상관없거나 혹은 오히려 헷갈리게 만드는 데이터도 속해 있다. 데이터의 힘을 제대로 활용하기 위해서는 그 안에서 내게 꼭 필요한 '진짜'를 찾아내는 통찰력이 필요하다. 그 '진짜' 데이터를 해석해야 비즈니스에 온전히 적용할 수 있는 의미 있는 결과물을 찾을 수 있다.

데이터 분석을 할 때 사람들이 많이 하는 실수 중 하나가 양에 매몰된다는 점이다. 실제로 많은 기업이 경쟁사보다 더 많은 데이터를 가지기 위해 거금을 들여 데이터를 구매하기도 한다. 다다익선이라고, 데이터가 많으면 많을수록 그 분석 결과가 더 정확하다고 생각하는 것이다. 하지만 데이터는 양보다 질이 훨씬 더 중요하다. 오히려 데이터가 많을수록 그 안에 필요 없는 데이터나 오류 데이터들, 즉 '가비지 Garbage 데이터'도 함께 늘어나 결괏값이 잘못 나올 가능성도 커진다. 따라서 데이터 생성 과정에서 오류의 한계를 염두에 두며 최대한 목표에 맞는 양질의 '깨끗한 데이터'를 수집해야 한다.

'깨끗한 데이터'란 내가 필요로 하는, 내가 보고 싶은 데이터를 의미한다. 물론 엄격한 의미로 보자면 불필요한 데이터, 가비지 데이터라는 건 없다. 남자 시계와 관련한 정보가 필요한 사람에겐 부동산과 관련한 데이터는 필요 없지만, 부동산 중개업자에겐 가장 중요한 데이터일 것이다. 그래서 수집된 데이터를 '깨끗한 데이터'와 '가비지 데이터'로 분류하기 위해선 데이터 수집의 목적부터 분명히 해야 한다.

GIGO Garbage In Garbage Out라는 말이 있다. 쓰레기가 투입되면 쓰레기가 나온다는 의미의 이 말은 데이터 분석에도 그대로 적용된다. 사용할 수 없는 데이터가 투입되면, 아무리 훌륭한 머신러닝 기법을 이용해도 목적에 딱 맞는 결과물을 찾아내기 어렵다. 특히 다양한 디지털 채널에서 생성된 텍스트 형식의 데이터는 일일이 읽기 전까지 그것이 내가 찾던 '깨끗한 데이터'인지 전혀 쓸모가 없는 '가비지 데이터'인지 알 수 없다. 그래서 데이터 분석 결과의 오류를 최소화하고 목적에 맞는 최적의 결과를 얻기 위해서는 분석에 앞서 불필요한 가비지 데이터를 분류하는 '데이터 전처리 Data Preprocessing' 과정이 반드시 필요하다.

제주 여행을 계획하며 네이버에서 맛집을 검색한다고 가정해 보자. '제주 맛집'이라는 키워드에 수집되는 데이터 중 80%가 비용을 받고 작성한 홍보성 글이라면 신뢰도는 확연히 떨어진다. 내게 필요한 데이터는 제주를 다녀온 사람, 혹은 제주에 사는 사람이 직접 먹어 보고 맛있다고 추천한 음식점이다. 광고성 콘텐츠는 소비자의 진짜 목소리를 반영할 수 없다. 따라서 이런 가비지 데이터와 소비자의 진짜 목소리가 담긴 글을 나눌 필요가 있다.

예전에는 가비지 데이터를 걸러 내는 등 데이터 품질관리를 수작업으로 했다. 한 설문조사에 따르면, 많은 데이터 분석가들이 업무 시간의 80%를 데이터 전처리에 사용한다고 한다. 이는 소위 '노가다'라고 부르는 굉장히 지루하고 반복되는 작업이지만 반드시 거쳐야 하는 과정이기도 하다. 실제로 중국과 인도의 인공지능 관련 산업이 빠르게 발전할 수 있었던 이유로 값싼 노동력을 활용한 데이터 전처리를 꼽을 정도다.

이처럼 데이터 전처리는 불과 얼마 전까지만 해도 손으로 일일이 작업을 하는 등 많은 자원을 들이며 아주 불편한 과정을 거쳐야 했다. 다행히 이제는 인공지능의 머신러닝을 활용해서 데이터 전처리 작업을 할 수 있기에 더 빠르고 정확하게 양질의 결과물을 얻을 수 있고, 분석가들 또한 좀 더 고차원적이고 전문적인 분석에 집중할 수 있게 되었다. 재료가 달라지면 결과가 달라진다. 비즈니스에서 데이터에 기반한 의사결정을 위해 좋은 데이터를 갖추는 것은, 기업의 미래와 직결될 수도 있는 중대한 문제다.

> 5 <

데이터는
해석해야 답이 나온다

부산 관광지를 활성화하기 위해 부산시와 같이 데이터를 분석한 적이 있다. 관광객들의 카드소비 데이터와 관광지 관련 소셜 버즈 데이터를 결합하여 분석했다. 이렇게 하면 사람들이 어디서 돈을 많이 쓰고, 어디를 많이 언급하는지 비교해서 알 수 있다. 카드 소비금액 분석 결과, 가장 지출이 많은 순서는 다음과 같았다.

1. 센텀시티 (37.8%)

2. 자갈치시장 (25.6%)

3. 해동용궁사 (18.5%)

   ⋮

9. 태종대 (0.8%)

10. 감천문화마을 (0.2%)

이 결과만 보면 부산에서 가장 인기 있는 센텀시티, 자갈치시장, 해동용궁사를 중심으로 관광지를 활성화하면 된다. 그런데 1가지 의구심이 들었다. '돈은 여기서 많이 쓰는데 혹시 좋아하는 곳은 다르지 않을까?' 블로그, 카페, SNS의 온라인 버즈 데이터를 살펴보니 특이하게 카드 소비 금액이 가장 하위권이었던 감천문화마을과 태종대가 1위, 2위로 나왔다. 감천문화마을을 가장 많이 언급하는 이유를 확인하기 위해 버즈 데이터의 토픽을 분석했다. 골목 사이의 벽화 작품들로 예술마을의 이미지가 좋고, 체험이 가능한 다양한 볼거리가 있고 감천문화마을만이 주는 특별한 분위기로 사람들의 감성을 만족시킨다는 점 등이 이유였다. 사람들이 감천문화마을을 좋아하는데도 카드 소비가 일어나지 않는 이유는 간단하다. 돈을 쓸 만한 곳이 없는 것이다. 결론적으로 감천문화마을에 소비할 수 있는 것을 많이 만들면 부산 최고의 관광지가 탄생한다고 볼 수 있다. 이 사례는 데이터를 분석, 해석하고, 의사결정하는 전형적인 방법론이다. 여기에 챗GPT와 같은 인공지능이 결합되어 분석을 한 차원 업그레이드 시킬 수 있다.

현재 인공지능의 머신러닝은 마케팅을 비롯하여 각 분야에서 사람의 능력을 뛰어넘는 싱귤래리티 Singularity 지점을 만들어 내고 있다. 인공지능이 스스로, 그리고 끊임없이 학습하며 능력을 키워 가다 어느 순간엔 그 능력이 인간을 뛰어넘는 것이다. 데이터 분석처럼 단순 반복하던 일상의 일들을 자동화해 주는 것은 물론이고, 데이터 분석의 결과로 나름의 인사이트를 도출하는 창의 영역까지 인공지능의 능력이 확대되고 있다. 데이터를 해석하는 사람의 능력은 제각각 다르다. 같은 데이터를 보더라도 무척 의미 있는 것을 찾아내는 사람도 있고, 단순히 숫자만 읽는 사람도 있다. 하지만 인공지능은 수많은 데이터 속에서 무엇을 주목해야 하는지, 그 안에서 어떤 의미를 찾아야 하는지 인간이 설정한 기준에 따라 최적의 인사이트를 뽑아 준다. 그렇다면 인간이 앞으로 할 수 있는 일은 무엇일까? 바로 해석이다. 제대로된 해석은 인간만이 할 수 있다. 인공지능은 학습한 데이터를 토대로 주어진 환경에서 분석을 진행하지만 사람은 이 모든 것을 뛰어넘어 생각하는 '진짜' 해석 능력이 있다. 직원들이 데이터 기반으로 해석할 수 있는 힘 '데이터 크리에이티브Data Creative' 능력을 발전시키는 것이 지금부터 기업이 할 일이다.

데이터 해석을 잘하는 Tip

첫째, 혼자 해석하지 않는다. 해석은 경험을 기반으로 하기 때문에 전혀 다른 경험을 가지고 있는 사람들이 모여서 데이터를 해석하면 관점의 확대를 느낄 수 있다.

둘째, 꼬아서 생각하고, 비틀어서 생각하고, 틀 밖에서 생각한다. 여기서 크리에이티브가 나온다. 앞서 감천문화마을 분석 사례를 보더라도, 상위 랭킹 데이터에만 의미를 두지 않고 하위 랭킹도 살펴보았다. 또한 카드 데이터 분석에서 멈추지 않고 버즈 데이터까지 붙여 새로운 인사이트를 찾아냈다. 이미 다 해석한 결과를 다시 반대로 뒤집어 생각해 보는 것이다.

셋째, 리버스 멘토링Reverse Mentoring을 한다. 윗사람이 의사결정을 한다는 고정관념을 깨는 것이다. 똑같은 데이터라도 다른 세대의 관점에서 바라본다면 전혀 다른 해석을 할 것이다.

Chapter 3

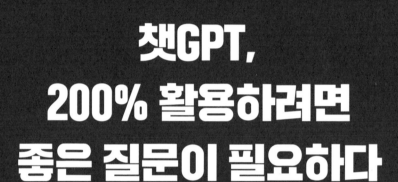

챗GPT,
200% 활용하려면
좋은 질문이 필요하다

> 1 <

검색 엔진과 챗GPT의 차이

현재 여러 가지 생성형 AI 서비스가 나오고 있지만, 가장 빠르게 검색 생태계의 주도권을 확보한 챗GPT를 기반으로 설명해 보겠다. 아무리 좋은 기술이 있다고 한들 일상에 녹여 사용하지 않으면 내 삶의 편의성을 높일 수 없다. 우리가 사용하는 스마트폰이나 태블릿PC의 성능은 점점 비약적으로 높아지고 있지만 실제로는 무슨 기능이 있는지도 모른 채 사용하는 사람들이 적지 않다. 챗GPT도 마찬가지다. 챗GPT는 활용하기에 따라 단순히 질문과 답변을 주고받는 말동무가 될 수 있지만, 업무 전반의 프로세스를 바꿔놓을 만큼 획기적으로 편리한 AI 비서가 될 수도 있다. 챗GPT의 성능을 100% 활용하는 방법은 매우 간단하다. 숨은 기능이나 편의성을 높여 주는 '꿀팁'을 찾아볼 필요 없이, 그저 질문하기만 하면 된다.

기존의 검색 엔진인 구글과 생성형 AI인 챗GPT의 가장 큰 차이가 뭘까. 바로 검색 엔진에서는 정보Information를 찾을 수 있지만 챗

GPT는 답^{Answer}을 준다는 점이다. 만약 '기업의 교육 부서에서 신입 사원 채용 때 물어볼 질문'을 찾으려고 한다고 하자. 구글에서는 이 정보를 찾을 수 있는 여러 사이트를 띄워 준다. 우리는 그 안에서 내가 필요한 결과물을 직접 선별하고 정리해야 한다.

그런데 챗GPT는 바로 신입사원 채용 때 물어볼 질문 10가지를 만들어 준다. 즉 정보를 바탕으로 답을 찾아야 하는 과정 자체를 대신하는 것이다. 이때 챗GPT를 최대한 활용하여 더 좋은 답변을 유도할 수 있는 방법은 바로 어떻게 프롬프트를 설계하느냐에 달려 있다. 우리가 챗GPT를 얼마나 유용하게 사용할 수 있는지의 핵심은 결국 이 프롬프트에 있다고 해도 과언이 아니다.

> 2 <

프롬프트,
챗GPT를 '잘' 활용하는 법

2020년 6월에 출시되었던 GPT-3 역시도 챗GPT와 마찬가지로 초거대 생성형 AI 모델을 사용하고 있다. 하지만 챗GPT의 가장 큰 차별점은 성능보다 사용하는 방식의 혁신에 있다. 아무리 좋은 답변을 얻을 수 있다고 해도 하나부터 열까지 일일이 지시해야 한다면 활용도는 떨어질 수밖에 없다. 하나씩 가르치는 시간에 차라리 직접 처리하는 게 편하다고 생각하는 사람들도 적지 않다. 그러나 GPT-3와 같은 기존의 AI가 프롬프트 엔지니어링을 통해 일일이 가르쳐 사용해야 하는 모델이었다면, 챗GPT는 훨씬 간단하다. 사람에게 하는 것처럼 질문을 하기만 하면 알아서 척척 대답한다. 오픈AI CEO 샘 알트만은 프롬프트 작성을 "자연어로 하는 프로그래밍"이라고 말하기도 했다.

예를 들어, 'Cheese'를 프랑스어로 번역하고 싶을 때 기존의 GPT-3에서는 먼저 어떤 명령을 수행할 것인지에 대한 "Translate English to French"라는 설명부터 입력하고, 그 후에 'Cheese =>'라는 프롬프트를 설계해야 했다. 하지만 지금의 챗GPT에게는 앞선 과정을 생략하고 바로 프롬프트를 제시하기만 하면 된다. "Cheese를 프랑스어로 번역해 줘."

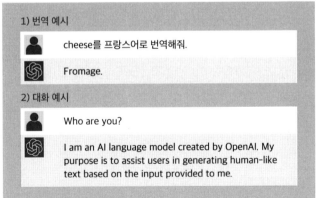

× **GPT-3와 ChatGPT의 입력 프롬프트 차이**

원래 프롬프트는 컴퓨터가 실행할 명령을 기다리고 있다는 것을 나타내는 표시다. 일반적으로는 'Command Prompt'라는 단어를 사용하기도 한다. 그런데 AI 분야에서는 프롬프트의 의미가 조금 다르다. 챗GPT와 같은 AI에서 프롬프트는 입력하는 명령어나 지시어를 의미한다. 챗GPT는 바로 이 프롬프트에 따라서 다른 출력물을 생성하게 된다. 어떤 프롬프트를 제시하느냐에 따라서 원하는 출력물에 도달하기까지 몇 단계를 거쳐야 할 수도 있고, 바로 필요한 내용을 얻을 수도 있다. 사람이 보기에는 비슷한 의미의 문장일 수 있지만 AI는 사용된 단어 하나하나에 예민하기 때문에 사용한 단어나 맥락에 따라 자칫 잘못된 답변을 내놓을 수 있는데, 이를 '환각'이라는 의미의 '할루시네이션Hallucination'이라고도 한다. 불분명한 정보나 오염된 데이터를 진짜인 것처럼 도출한다는 것이다.

우리가 기존의 검색 엔진을 이용할 때는 더 정확한 자료를 찾기 위해 검색을 잘하는 능력이 필요했다. 검색 엔진을 기반 환경에서 일을 잘하는 사람은 필요에 따른 자료를 효율적으로 찾아내고 분석하는 사람이었다. 즉 검색창이 일종의 프롬프트였던 셈이다. 하지만 이제 챗GPT 기반 환경에서 일을 잘하는 사람은 더 좋은 프롬프트를 만드는 사람이 될 것이다. 챗GPT와 얼마나 정확하고 효율적으로 대화하느냐에 따라서 일의 효율은 천차만별로 달라지며 그 격차 역시 커질 수 있다.

> 3 <

챗GPT에게
제대로 묻기 위한 질문 원칙

프롬프트 설계의 기본, G.S.T.A.R.

><

챗GPT가 세상을 바꿀 것이라고 하는데 뭐가 그렇게 대단한지 아직 실감하지 못하는 사람들이 있을 것이다. 재차 강조하지만 챗GPT의 진가를 경험하는 핵심은 프롬프트의 기획과 작성에 있다. 이때 우리가 어떤 사람이 '말을 잘한다'고 생각할 때 잘하는 스피치의 공통된 요건들이 있는 것처럼, 프롬프트를 잘 작성하는 데도 기본적인 가이드라인이 존재한다.

프롬프트 설계의 기본은 G.S.T.A.R. 이 5가지를 고려하는 것이다. 바로 Goal(주제), Situation(상황), Tone(양식), Amount(분량), Re-mark(추가 고려)다. 팀으로 프로젝트를 할 때 협업을 위해 일의 방식과 목표를 구체적으로 공유하고 이를 구현해 가는 과정과도 비슷하다. 앞서 언급했던 예시를 다시 한번 가져와서 "신입사원 면접 때 사용할 질문을 만들어 줘."라고 대화를 시작해 보자.

① Goal(주제)

제일 먼저 챗GPT에게 이 대화의 중심이 되는 주제를 던져 줘야 한다. 아이디어를 달라고 하든, 분석 결과나 피드백을 달라고 하든, 코드 작성을 해달라고 하든 중심이 되는 요구사항을 명확하게 제시하자. 이때 미사여구는 최소화하며 쉽고 간결하게 말하는 것이 좋다.

"교육 부서의 신입사원 면접 때 물어볼 질문을 만들어 줘."

② Situation(상황)

상황을 구체적으로 제시할수록 더 좋은 답변이 나온다. 어떤 상황에서 묻는 질문인지, 챗GPT의 역할은 무엇인지, 어떤 채널에 사용할 정보인지, 타깃이 누구인지 등의 조건을 제시해 주자.

"너는 10년 차 경력의 팀장이고, 지원자는 교육학을 전공했어. (지원자의 자기소개서 붙여넣기) 이 내용을 참고해 줘."

③ Tone(양식)

답변을 어떤 양식으로 받을 것인지도 선택할 수 있다. 말투부터 보고서, 표, 코드, 프레임워크 등 형식을 구체적으로 요청하면 이에 맞게 답변을 정리해 준다.

"질문은 표 형식으로 만들어 주고, 초등학생도 이해할 만한 쉬운 말투로 해 줘."

④ Amount(분량)

답변을 내가 원하는 분량으로 정리해서 받을 수 있다. 아이디어 5개, 1분 길이의 대본, A4용지 2장 분량, 혹은 최대한 짧게 요약해 달라는 등으로 제한해 보자.

"질문 20개를 만들어 줘."

⑤ Remark(추가 고려)

추가적으로 요청할 사항이 있다면 포함해도 좋다. 이 내용은 꼭 포함하라고 강조할 수도 있고, 혹은 반대로 챗GPT에게 필요한 정보를 물어보라고 질문 권한을 부여할 수도 있다.

"지원자가 선호하는 환경과 그 이유를 질문에 포함해 줘."

앞서 제시한 5가지 기본 양식 중에서도 가장 중요한 건 주제와 상황이다. 내가 어떤 답을 원하는지 알 수 있도록 주제와 상황에 대한 프롬프트를 잘 기획해서 전달하는 것이 내가 필요한 답변을 더 명료하게 받을 수 있는 방법이다.

실제로 챗GPT에게 교육 부서 신입사원 면접이라는 주제와 상황을 전달하면서, 가상의 지원자가 쓴 자기소개서를 보여 줬다. 자기소개에서는 '교육 과정을 개발했던 경험'이 있고, '후속 사업 4건을 수료'했으며, '긍정적으로 대처하고 해결하는 능력을 가졌다'는 내용이 있었다. 그러자 챗GPT가 이런 질문을 뽑아 줬다. '교육 과정 개발을 했다는데 가장 큰 매력은 뭐였는지?', '후속 사업 4건을 수료했을 때 가장 큰 어려움이나 해결한 경험은?', '긍정적 대처하는 능력을 발휘하는 가장 기억에 남는 일은?' 자기소개에서 중요한 내용을 판단하여 그에 대한 면접 질문을 만든 것이다. 상황을 설정하지 않고 주제만 전달했을 때는 지원자 맞춤형 질문보다는 좀 더 포괄적인 질문이 나올 것이다. 즉 내가 어떻게 질문하고 상황을 세팅하는지에 따라서 챗GPT의 답이 바뀐다고 이해하면 된다.

챗GPT에게서 한 번에 좋은 답을 얻을 때도 있지만, 만족스럽지 않을 때는 다시 답변을 달라고 여러 번 요청할 수 있다. 답변에 요청 사항을 추가하거나 삭제하면서 내가 원하는 답변에 최대한 가까워질 수 있도록 시도하는 것이다. 이처럼 원하는 결과물을 구체적으로 요구할 수 있는 최적의 프롬프트를 만드는 것이 챗GPT를 활용하는 핵심이라고 할 수 있겠다.

더 좋은 프롬프트를 위한 심화 프레임워크*

><

일반인들은 G.S.T.A.R과 같은 기본적인 프롬프트 작업을 통해서도 충분히 훌륭한 답변을 얻을 수 있다. 그러나 더 체계적인 프롬프트 학습을 위해서는 챗GPT에게 어떤 인풋Input을 넣었을 때 어떤 아웃풋Output을 제시받을 수 있는지에 대한 근본적인 구조를 이해할 필요가 있다. 다음과 같은 방식의 프레임워크를 훈련해 보면 도움이 될 것이다. 용어는 화려해 보이지만 내용은 아주 기본적인 수준을 다루고 있기 때문에 누구나 쉽게 이해할 수 있다. 이 프레임워크를 학습하게 되면 챗GPT의 프롬프트 엔지니어링이 왜 중요한 것인지도 대략 감이 잡힐 것이다.

① Zero-Shot Prompting

제로샷 프롬프팅은 이전에 학습한 적이 없는 작업에 대해서도 챗GPT가 답변하는 기술이다. 말은 어렵지만 예시 자료 없이 챗GPT가 가지고 있는 기본 능력을 활용하는 것이라고 이해하면 된다. 챗GPT를 추가적으로 학습시키지 않아도 이미 알고 있는 내용을 바탕으로 번역, 감성 분석, 질의응답 등에 활용할 수 있다.

---

* 　출처: https://tech.kakaoenterprise.com/188 참고하여 각색

번역

프롬프트: "번역하세요: 'Hello, how are you?'"

챗GPT는 "안녕하세요, 어떻게 지내세요?"라는 번역 결과를 생성할 수 있다.

감성 분석

프롬프트: "문장의 감정을 판단하세요: '이 영화는 정말로 멋있어!'"

챗GPT는 문장의 감정을 분석하는 작업을 수행하고, "긍정적인 감정"이라는 결과를 생성한다.

질의응답

프롬프트: "질문에 답하세요: '지구의 지름은 얼마인가요?'"

챗GPT는 "지구의 지름은 약 12,742㎞입니다."라는 답변을 생성할 수 있다.

② One-Shot Prompting

원샷 프롬프팅은 챗GPT에게 단 한 번의 지시사항만을 사용하여 답변을 얻는 기술이다. 이것 역시 챗GPT가 기본적으로 학습한 내용이 많기 때문에 가능하다. 이는 번역, 텍스트 분류 등에 다양하게 사용할 수 있다.

번역

프롬프트: "한국어에서 영어로 번역하세요: '안녕하세요, 오늘 날씨가 좋네요!'"

어떤 문장을 어떤 언어로 번역할지 지시하면 챗GPT는 "Hello, the weather is nice today!"라는 번역 결과를 생성할 수 있다.

텍스트 분류

프롬프트: "다음 문장이 어떤 주제인지 분류하세요: '양치를 할 때는 칫솔과 치약이 필요합니다.'"

예시 문장과 함께 하나의 판단 기준을 제시하면 챗GPT는 "일상 생활"이라는 주제를 생성할 수 있다.

③ Few-Shot Prompting

퓨샷 프롬프팅은 대략 5가지 이내의 지시를 하고 답변을 생성하게 하는 기술이다. 원샷 프롬프팅 기법보다 조금 더 직접적으로 원하는 답변을 얻을 수 있지만 몇 단계의 추가적인 추론 과정을 거치다 보니 복잡한 지시를 하게 되면 챗GPT가 답변하지 못하는 경우도 발생한다.

이건 정말 끝내주는데 : 긍정
너무 별로다 : 부정
신제품이 폭발적 반응이야 : 긍정
난 정말 우울해:

난 정말 우울해 : 부정

× **Few-Shot Prompting 활용 예시**

다음 숫자 중 첫 번째 2개 수를 더해 짝수가 만들어지면 True이고 홀수가
만들어지면 False이다.
C: 4, 8, 9, 15, 12, 2, 1
A : 첫 번째 2개 수(4, 8)를 더하면 12이기 때문에 True이다.
다음 숫자 중 첫 번째 2개 수를 더해 짝수가 만들어지면 True이고 홀수가
만들어지면 False이다.
C:15, 32, 5, 13, 82, 7, 1
A:

다음 숫자 중 첫 번째 2개의 수를 더해서 짝수가 만들어지는지 확인해 보겠습니다:
1. 첫 번째 예시: 4, 8, 9, 15, 12, 2, 1
첫 번째 2개 수인 4와 8을 더하면 4 + 8 = 12입니다.
12는 짝수이므로 True입니다.
2. 두 번째 예시: 15, 32, 5, 13, 82, 7, 1
첫 번째 2개 수인 15와 32를 더하면 15+ 3247입니다.
47은 홀수이므로 False입니다.

따라서, 첫 번째 예시는 True이고 두 번째 예시는 False입니다.

× CoT 활용 예시

나는 과일 가게에 가서 사과를 10개 샀어. 2개는 옆집에 주었고 2개는 친구에게
주었어. 그리고 사과 5개를 더 사서 1개를 먹었어. 내가 지금 몇 개의 사과를 가지고
있을까?
단계별로 생각해 보자

문제를 단계별로 생각해 보겠습니다.
1. 초기 상태: 사과 10개를 가지고 시작합니다.
2. 옆집에 사과 2개를 주었으므로, 가지고 있는 사과의 수는 10 - 2 = 8개입니다.
3. 친구에게 사과 2개를 주었으므로, 가지고 있는 사과의 수는 8-2 = 6개입니다.
4. 추가로 사과 5개를 구매했으므로, 가지고 있는 사과의 수는 6+5 = 11개입니다.
5. 사과 1개를 먹었으므로, 가지고 있는 사과의 수는 11-1=10개입니다.

따라서, 현재 당신은 10개의 사과를 가지고 있습니다

× Zero-Shot CoT 활용 예시

④ CoT(Chain-of-Thought)

생각의 연결고리라 불리는 이 방법은 퓨샷 프롬프팅에서 복잡한 추론 과정 때문에 답변을 제시하지 못하는 문제를 해결하기 위한 방법이다. 답변을 제시받는 것보다는 답변에 도달하는 과정을 학습시키는 것이 목적이다.

⑤ Zero-Shot CoT

"단계별로 생각해 보자."라는 조건만 추가해도 언어 모델이 단계에 따라서 결과를 제시하게 만들 수 있다.

⑥ Generated Knowledge Prompting

모델이 정확한 답변을 산출할 수 있도록 관련된 지식이나 정보를 함께 제공하는 방법이다. 챗GPT의 기본적인 능력을 활용하면서 추가로 학습을 시킬 수 있기 때문에 원하는 것에 한층 가까운 답변을 얻을 수 있다.

질문 : 골프는 상대방보다 점수가 낮으면 이기는 건가? 맞아?, 틀러?
지식 : 골프는 18홀을 플레이하고, 18홀의 점수를 모두 합산하여 가장 낮은 점수를 기록한 플레이어가 승리합니다. 합산 방식이기 때문에 경기 후반 역전도 가능해요. 꼭 그런 상황이 아니라고 할지라도 플레이어는 18홀을 끝까지 전부 완주합니다.

맞아. 골프는 상대방보다 점수가 낮으면 이기는 게임이다

× **Generated Knowledge Prompting 활용 예시**

⑦ 추가적으로 연구되고 있는 프롬프트 사례

- Automatic Prompt Engineer (APE)

- Faithful Chain-of-Thought Reasoning

- Active-Prompt

- Directional Stimulus Prompting

- ReAct

- Multimodal CoT Prompting

- Graph Prompting

위의 예시를 살펴보면 AI에게 최상의 답변을 얻기 위해서는 프롬프트를 잘 설계하는 것이 무엇보다 중요하다는 점을 알 수 있다. 그 외에도 프롬프트를 활용하는 방법에 관해 계속해서 연구가 이루어져 발표되고 있으며, 앞으로도 꾸준히 발전할 것이다.

> 4 <

챗GPT만큼 주목받는
프롬프트 엔지니어

챗GPT와 같은 초거대 AI를 활용하기 위한 프롬프트의 중요성이 대두되면서 프롬프트 엔지니어라는 새로운 직군도 화두로 떠오르고 있다. 프롬프트 엔지니어는 AI가 최상의 결과물을 낼 수 있도록 훈련시키고 좋은 답변을 이끄는 직군을 말한다. 말하자면 무궁무진한 가능성을 지닌 신입사원이 능력을 충분히 발휘할 수 있도록 잘 가르치고 성장을 돕는 사수의 역할이라고 할 수 있겠다. 오픈AI 출신들이 만든 스타트업 앤스로픽Anthropic은 올해 초 프롬프트 엔지니어 채용 공고에서 무려 한화 3억 3천만 원에서 4억 3천만 원의 연봉을 제시하기도 했다.

그뿐 아니라 프롬프트 엔지니어들이 서로 프롬프트를 사고팔거나 공유하는 마켓의 수도 점점 증가하고 있다. 온라인 프롬프트 마켓플레이스는 2022년 7월 기준으로 1개뿐이었지만 올해 3월 기준 14개로 늘어났다. 현재는 건당 판매 가격이 평균적으로 1달러에 형성되어 있으며, 무료용 샘플도 쉽게 접할 수 있다. 프롬프트 마켓이 블루

오션으로 꼽히고 있는 만큼 앞으로는 이 시장에 진입하는 사업자들도 점차 많아질 것으로 보인다. 프롬프트 마켓을 운영하는 프롬프트시PromptSea CEO 피수스 다엥통디Pisuth Daengthongdee는 "앞으로 AI는 포토샵처럼 크리에이터를 위한 소프트웨어로 사용될 것이고, 프롬프트는 AI 지원 콘텐츠 제작의 일부로 간주될 것"이라고 말하기도 했다.

현재까지 대표적인 프롬프트 마켓플레이스는 프롬프트시, 챗X ChatX, 뉴트론필드NeutronField, 프롬프트베이스PromptBase 등이 있다. 각기 제공하는 프롬프트의 목적이나 유형, 규모 등이 다르기 때문에 필요에 따라 활용할 수 있다. 다만 외신에서는 추후 프롬프트의 유해성이나 저작권 문제를 해결해야 한다고 지적하고 있다. 아직 초기 단계이기 때문에 향후 해결해 가야 할 문제가 드러나고 있는 것은 사실이지만, 챗GPT가 영역을 넓힌다면 최적의 프롬프트를 설계하고 적용하기 위한 노력과 방법의 필요성은 점점 더 커질 것이 분명해 보인다.

챗GPT를 적용한 검색 엔진 빙의 경우에는 3가지의 대화 스타일을 선택할 수 있도록 했다. 보다 사실에 근거한 정확한 답변이 중요한지, 독창성이나 상상력에 중점을 둔 답변을 원하는지에 따라서 챗GPT의 답변 스타일을 고를 수 있다.

챗GPT의 API를 가져와 사용할 때도 필요에 따라 주요 조정값을 지정하여 답변 스타일을 선택할 수 있다.

조정값	설명
Temperature (온도)	창의성과 무작위성 조정, 0에 가까울수록 사실에 근거한 안전한 답변을 제공하고, 1에 가까울수록 창의적인 결과물을 생성함
Top_p (누적확률 임계값)	모델이 다음 단어를 선택할 때 확률이 높은 토큰들 순서로 선택하는 방식 Top_p 값이 0.9(90%)라면 모델은 누적 확률이 90%가 넘어가기 전까지의 단어만을 고려하여 다음 단어를 선택함 "안녕": 50% "반가워": 50% + 30% = 80% "고마워": 50% + 30% + 15% = 95% (이 시점에서 90%를 초과했기 때문에 여기서 멈춤) 이 경우에 모델은 "안녕"과 "반가워" 두 단어 중에서만 선택하게 됨
frequency_penalty (빈도 패널티)	0에 가까울수록 모델은 자주 사용되는 단어나 구문의 반복 사용이 감소, 1에 가까울수록 자주 사용되는 단어나 구문의 반복 사용이 증가함
presence_penalty (출현 패널티)	0에 가까울수록 모델은 아직 등장한 적 없는 새로운 단어나 구문의 사용이 감소하고, 1에 가까울수록 새로운 단어나 구문의 사용이 증가함

Chapter 4

$\times$

전쟁의 서막,
챗GPT vs 바드

> 1 <

MS 챗GPT vs 구글 바드

구글은 25년 전 검색 서비스를 시작한 이래, 전 세계 92%가 넘는 점유율을 자랑하면서 압도적인 1위로 세상을 호령했다. 이런 구글이 최근 챗GPT로 인해 위기를 느끼고 있다. 반면 MS의 검색 엔진인 빙은 아직까지 2~3% 수준의 점유율을 보이고 있었으나 챗GPT를 탑재하며 새로운 기회가 펼쳐지고 있는 모습이다.

일단 삼성전자의 움직임이 심상치 않았다. 삼성전자가 갤럭시 스마트폰 기본 검색 엔진으로 12년간 협업하던 구글 대신 챗GPT가 적용된 빙을 탑재할 수 있다는 기사가 나온 것이다. 이는 구글이 철옹성처럼 지배했던 검색 엔진 시장에 균열이 생기는 신호탄이 될 수 있다는 소식이었다. 이후 삼성이 스마트폰 검색 엔진을 구글로 유지하겠다고 발표하며 이 일은 일단락되었다. 하지만 만약 삼성과 애플Apple이 스마트폰 기본 검색 엔진으로 빙을 사용한다면 빙은 단숨에 검색 시장 점유율을 끌어올리며, 이를 계기로 구글이 주도하던 검색 생태계에도 큰 변화가 일어났을 것이다.

검색 점유율은 광고 시장에서 비용을 결정하는 가장 중요한 지표이다. 게다가 광고 수입이 구글 매출의 80% 이상을 차지하는데, 이 광고 수입이 줄어든다면 시장은 구글의 미래에 대해 재고할 수밖에 없다. 빙의 발전으로 앞으로의 귀추가 어떻게 될지 업계에서도 주목하고 있다.

구분	챗GPT(ChatGPT)	바드(Bard)
개발사	오픈AI	구글
AI 모델	GPT3.5, GPT4.0	팜2(PaLM2) (Pathways Language Model)
학습매개변수	GPT-3(1천 750억 개) GPT-3.5(1천 750억 개) GPT-4.0(알려진 바 없음)	5천 3백억 개
공개 여부	일반에 공개 기본 버전과 월 $20 유료 서비스인 ChatGPT Plus 버전이 존재	일반에 공개(실험 버전)
학습 내용의 최신성	2021년 9월까지의 학습 데이터	구글 검색 엔진을 활용한 정보의 최신성 확보
사전 학습 방식	비지도 학습 방식 (기계 입력에 의한 일방향 학습 방식)	쌍방향 학습 방식 모델에서 학습된 내용을 튜닝 과정을 거친 후 활용
데이터 공개 여부	일부 버전 외 코드나 데이터 비공개	오픈 소스 버전
외국어 지원	40여 개 이상의 외국어 지원 (한국어 포함)	28개 언어 지원(한국어 포함) 조만간 40개 언어로도 지원 예정
인터페이스	대화 형식의 인터페이스 지원	대화 형식의 인터페이스 지원
입력 및 출력 제한	약 1만 6천자, 약 4천 개의 토큰	약 1만 자, 텍스트 토큰의 정확한 한도는 공개되어 있지 않지만, 십만~백만 개의 토큰 범위일 가능성이 높음
외부 파트너	MS	Adobe

〉2〈

쉽게 무너지지 않는 구글

바드, 챗GPT와의 주도권 싸움

✕

2022년 11월 챗GPT 3.5가 출시된 지 한 달이 넘지 않은 시점에 구글 CEO 순다르 피차이Sundar Pichai는 챗GPT에 대응하기 위해 코드레드를 발령했다. 이 상황을 두고 구글이 빠르게 위기를 직감하고 반응했다고 해야 할지, 대응책도 없어 급박하게 코드레드를 발령했다고 해야 할지는 의견이 갈리겠지만 보통은 후자에 무게를 둘 것이다. 이대로 가만히 당하고만 있을 구글이 아니다. 조금 늦긴 했지만 구글도 대형 언어 모델인 람다LaMDA와 팜PaLM을 기반으로 하는 인공지능 검색 엔진 서비스를 출시해 2023년 3월 21일에 미국과 영국을 대상으로 베타테스트를 시작했고, 2023년 5월 15일에 1백 개 이상의 언어로 학습한 팜2PaLM2를 공개했다. 팜2를 기반으로 만들어진 대화형 AI가 바로 '바드Bard'이다.

챗GPT는 영미 문화권의 데이터를 기반으로 답변하지만 바드는 각 나라 이용자들의 언어로 학습하고 각 문화권의 문화와 규범을 익혔다는 점이 가장 큰 차별점이다. 바드에 "독도가 어느 나라 땅인가?"라고 질문했을 때 한국에서는 한국 땅이라고 답하고, 일본에서는 분쟁 지역이라는 답하는 이유이다. 순다르 피차이는 바드 오픈 행사에서 "해당 언어 데이터의 품질과 각 언어를 기반으로 하는 현지화에 주력하고, 강화 학습을 통해 현지의 규범과 정서를 올바르게 파악하여 이용자들의 피드백을 반영한다."는 것을 특히 강조했다.

구글은 추가로 구글 독스, 포토, 지메일 등 20개 이상의 서비스에 생성형 AI를 탑재하여 오픈할 예정이다. 점유율이 높은 구글 서비스에 생성형 AI를 붙임으로써 챗GPT에게 주도권을 빼앗기지 않겠다는 의지를 표명한 것이다.

추가적인 관전 포인트는, 생성형 AI는 언어를 기반으로 하는 모델이기 때문에 각 언어의 특성을 잘 이해하는 해당 국가에서 학습시킨 모델이 더 정확하다는 논리로 대응하던 한국과 중국의 포털 사이트들이 큰 곤란함에 직면하게 되었다는 점이다. 네이버는 2023년 8월에 생성형 AI 모델인 하이퍼클로바X를 출시할 예정이다. 해당 언어를 이해하는 원어민만이 AI 학습을 잘 시킬 수 있을 것인지, 아니면 매개변수를 늘려 더 많은 양의 데이터를 학습시키는 것으로 해당 언어를 정확히 이해하지 않아도 충분한 결과를 내놓을 수 있을 것인지는 하이퍼클로바X의 등장 이후 결과로 판명이 날 것이다.

바둑을 잘 이해하지 못하던 구글이 알파고AlphaGO를 만들어 이세돌을 이긴 것을 본다면 이번에도 구글의 승리가 될 수 있으리라고 조심스레 예측할 수 있을 것 같다. 그렇다면 네이버는 언어 모델의 정확도 싸움보다는 이를 활용한 한국형 서비스를 더 많이 개발하고, 구글이 접근하기 어려운 한국 공공기관 및 기업 내 데이터에 생성형 AI 알고리즘을 붙인 특화 서비스 제공에 주력하는 것이 현명한 전략이 될지도 모른다.

바드만의 강점

① 한 질문에 대한 3가지 답안 제공

바드에게 물어보면 하나의 질문에 대해 3가지 답안을 받을 수 있다. 사용자는 오른쪽 상단의 '다른 답안 보기'를 선택하여 원하는 답안을 취사선택할 수 있다. 어떤 문제에 대해서 여러 사람의 의견을 들을 때 정답을 더욱 신뢰하게 되는 것처럼, 챗GPT가 제시했던 1가지 답변에 의구심을 품었던 사람들에게는 이러한 방식이 더욱 와닿을 것이다. 각기 다른 3가지 답변을 읽어 보고 스스로 판단하게 한다는 점이 간단하면서도 매우 효과적인 바드의 강점이 될 수 있다.

② 구글 기본 서비스와의 연계성

구글 문서, 드라이브, 지메일, 지도 등 이미 사용 중인 구글 앱 및 서비스의 기능을 바드 환경에 바로 통합할 예정이다.

답안 1	답안 2	답안 3
구글은 창사 이래 최대의 위기를 맞고 있습니다. 이 위기는 여러 가지 요인에 의해 발생하고 있습니다.	Google은 창사 이래 최대의 위기를 겪고 있습니다. 위기의 원인은 다음과 같습니다.	구글은 창사 이래 최대의 위기에 직면해 있습니다. 구글의 위기의 원인은 다음과 같습니다.

답안 1)
구글은 창사 이래 최대의 위기를 맞고 있습니다. 이 위기는 여러 가지 요인에 의해
발생하고 있습니다.

첫째, 구글의 비즈니스 모델이 위협받고 있습니다. 구글의 주요 수익원은 광고입니다.
그러나 최근에 챗GPT와 같은 새로운 기술이 등장하면서 구글의 광고 수익이 감소하고
있습니다. 챗GPT는 인공지능 기반의 챗봇으로, 사람과 유사한 수준의 대화를 할 수
있습니다. 이로 인해 구글의 광고를 보는 사람들이 줄어들고 있습니다.
둘째, 구글은 정부 규제의 압박을 받고 있습니다. 구글은 개인정보 유출, 독점 의혹 등
여러 가지 문제로 인해 정부 규제의 대상이 되고 있습니다. 정부 규제가 강화되면 구글의
사업 활동에 큰 제약이 될 수 있습니다.
셋째, 구글은 인재 유출로 어려움을 겪고 있습니다. 구글은 최근에 대량 해고를
실시했습니다. 이로 인해 구글은 우수한 인재를 잃고 있습니다. 우수한 인재가 없으면
구글은 새로운 기술을 개발하고 경쟁력을 유지하는 데 어려움을 겪을 수 있습니다.
구글은 이러한 위기를 극복하기 위해 노력하고 있습니다. 그러나 위기가 심각하기 때문에
구글이 위기를 극복할 수 있을지는 미지수입니다.

× **1가지 질문에 대해 3가지 답변을 제시하는 바드의 모습**

구글 렌즈(Google Lens)와의 연계

바드의 AI 모델 팜2는 자신만의 프롬프트에 텍스트와 함께 이미
지를 포함하여 완전히 새로운 방식으로 상상력과 창의력을 높일 수
있다. 이 기능을 활용하기 위해 구글 렌즈 기능을 바드에 추가했다. 예
를 들어, 강아지 사진을 제시하고 바드에게 "이 두 가지에 대한 재미
있는 캡션을 작성하십시오."라고 요청하면 바드는 구글 렌즈를 사용
하여 사진을 분석하고 강아지의 품종을 식별한 뒤 여러 개의 창의적

인 캡션을 작성한다. 이 모든 작업이 몇 초 안에 이루어진다.

지메일(Gmail)과 구글 독스(Google Docs)로 내보내기

바드가 제공한 답변을 지메일과 구글 독스로 내보내 후반 작업이 가능하도록 구성 중이다.

표를 바로 구글 시트(Google Sheets)로 내보내기

바드에게 표 형식으로 답변을 요청하면 오른쪽 아래에 'sheets로 내보내기' 버튼이 생성된다.

이러한 연계성은 구글의 기존 기능들과 합쳐진다는 차별화된 장점은 있지만, 단순 내보내기 기능만으로는 MS의 최대 강점인 워드, 엑셀, 파워포인트와 챗GPT가 연동되었을 때의 파급 효과와 비교하기는 어렵다. 이러한 연결을 통해 추가적인 기능이 더 개발되어야 사용성이 높아질 것으로 기대된다.

③ 구글 검색을 통한 실시간 정보 제공

챗GPT와 바드의 가장 근본적인 차별점이다. 챗GPT는 2021년 9월 이후의 데이터를 제공하지 않기 때문에, 바드가 실시간 정보를 제공한다는 점은 사용자에게 결정적인 선택권을 부여하게 된다. 물론 챗GPT도 MS 빙을 통해 실시간 데이터를 제공하지만 빙이라는 검색 엔진을 따로 찾아야 한다는 불편함이 있다. 또 사전에 보유하고 있는 정보의 양을 비교했을 때 구글이 압도적으로 많다는 점도 바드가 전세를 역전시킬 결정적인 포인트가 될 수 있을 것이다.

Q. bard의 강점과 상세 설명을 표로 만들어 줘.

강점	바드(Bard)
방대한 양의 텍스트와 코드 데이터 세트로 훈련	Bard는 방대한 양의 텍스트와 코드 데이터 세트로 훈련되어 다양한 프롬프트와 질문에 대한 응답으로 의사소통하고 사람과 같은 텍스트를 생성할 수 있습니다. 예를 들어 사실적인 주제에 대한 요약을 제공하거나 이야기를 만들 수 있습니다.
언어를 번역	Bard는 언어를 번역할 수 있습니다. 예를 들어 영어로 된 질문을 던지면 프랑스어로 답변할 수 있습니다.
다양한 종류의 창의적인 콘텐츠를 작성	Bard는 다양한 종류의 창의적인 콘텐츠를 작성할 수 있습니다. 예를 들어 시, 코드, 대본, 악곡, 이메일, 편지 등을 작성할 수 있습니다.
질문에 대한 포괄적이고 유익한 답변 제공	Bard는 질문에 대한 포괄적이고 유익한 답변을 제공합니다. 예를 들어 파리는 몇 시입니까?"라고 묻는다면 Bard는 파리의 현재 시간을 알려줄 것입니다.
아직 개발 중	Bard는 아직 개발 중이며 항상 새로운 것을 배우고 있습니다. Google AI 연구팀은 Bard가 더욱 강력하고 유용한 도구가 될 수 있도록 지속적으로 노력하고 있습니다.

× **바드에게 표 형식의 답변을 요구하는 예시**

이를테면 "현재 대한민국 대통령이 누구야?"라고 물었을 때, 챗 GPT는 "2021년 9월 나의 마지막 지식 업데이트 기준으로 대한민국의 대통령은 문재인이었습니다. 그러나 정치적 입장은 시간이 지남에 따라 변할 수 있으며 그 이후로 선거 또는 기타 발전이 있었을 수 있습니다. 현 대한민국 대통령에 대한 가장 정확한 정보를 얻으려면 최신 출처를 확인하는 것이 좋습니다."라고 대답한다. 반면 바드는 "2023년 현재 대한민국의 대통령은 윤석열입니다. 윤석열 대통령은 2022년 3월 9일 제20대 대통령 선거에서 당선되어, 2022년 5월 10일부터 임기를 시작하였습니다. 윤석열 대통령은 검사 출신으로, 서울중앙지검장, 검찰총장 등을 역임했습니다."라고 답한다. 이 답변만 보더라도 사용자가 어느 쪽의 답변을 선호할지 극명하게 비교할 수 있다.

④ 어도비(Adobe)와의 협업

바드는 수개월 내로 텍스트로 이미지를 생성하는 '어도비 파이어플라이'라는 기능을 적용할 예정이다. 어도비의 창의적 생성 모델 제품군인 어도비 파이어플라이를 바드에 통합하게 되면, 사용자의 아이디어를 고품질 이미지로 쉽고 빠르게 변환하는 것은 물론이고 이를 편집하거나 디자인을 추가하는 등 새롭게 활용하는 것도 가능하다. 챗GPT가 플러그인을 통해 여러 기업과 협업하는 체계를 만들었듯이, 이후 바드도 얼마나 강한 협업 파트너 체계를 구축하는지가 앞으로 시장 주도권의 성패를 좌우하게 될 것이다.

챗GPT와 바드 비교하기

✕

① 창의성 비교

"AI에 대한 짧은 시를 작성해 줘."라고 요구했을 때 챗GPT와 바드 모두 시를 작성한다. 보는 사람의 취향에 따라서 의견이 달라질 수 있겠지만, 아무래도 창의적이고 감정적인 표현에 대해서는 챗GPT가

윙윙거리는 회로 속에서 지성은 빛나고 AI는 인간의 꿈을 넘어 등장합니다. 코드의 춤, 알고리즘의 흐름 지식 지식이 뿌린 씨앗을 해방합니다. 실리콘 마인드, 바이너리 마이트, 수수께끼를 풀고 통찰력을 얻습니다. 방 데이터에서 학습하고 성장하며, 대한 인간이 알지 못하는 영역을 탐험합니다. 보이지 않는 것을 보는 디지털 눈, 패턴과 연결에서 루틴을 찾습니다. 정밀함의 예술로 예측하고, 분석하고, AI의 광채, 전하는 경이로움. 하지만 기억하자. 그 위력 속에서 AI의 본질은 우리 자신의 빛을 반영합니다. 그것의 과정을 형성하는 것은 우리이기 때문입니다. 지혜와 수완이 풍부한 힘으로 인도하십시오. 공생융합으로 전진하자. AI의 잠재력을 활용하고 기회를 잡습니다. 조화롭게 우리는 단결하고, 우리의 미래는 일치하며, 인류와 인공지능이 손을 맞잡고 있습니다.	인공지능 인공지능, 새로운 세상을 열어준다. 사랑과 함께, 더 나은 세상을 만들어간다. 인공지능, 미래의 희망이다. 사람의 삶을 편리하게 하고, 사람의 삶을 더 풍요롭게 만든다. 인공지능, 우리의 친구다. 우리와 함께, 더 나은 세상을 만들어간다.
챗GPT	**바드**

우세한 것으로 보인다.

② 코딩 능력 비교

결론부터 말하자면 챗GPT가 바드보다 우세한 것으로 보인다. 코딩은 질문의 종류에 따라 상당히 다른 결과를 보여 주지만, 대부분의 개발 전문가들은 챗GPT의 답변을 조금 더 신뢰하는 분위기다. 물론 챗GPT의 답변도 항상 정확지만은 않다. 전체적으로는 괜찮은 코딩의 결과물을 보여 주지만 부분적으로는 아직까지 틀린 답을 더 자주 말하는 편이다. 개발 전문가의 입장에서는 일부 틀린 부분만 고쳐서 사용하면 되기 때문에 생산성을 올리는 데 도움이 되지만, 전혀 코딩을 못하는 초보자라면 무엇이 틀렸는지 구분할 수 없다는 단점이 있다.

③ 수학적 계산 능력 비교

1,234 곱하기 5,678의 정답은 7,006,652이다. 챗GPT는 7,002,852라는 오답을 말했고, 바드는 정확하게 7,006,652를 답했다. 바드와 챗GPT는 모두 방대한 양의 텍스트 데이터에 대해 교육을 받았지만, 바드는 추가로 수학에 대하여 더 많은 데이터를 학습했다고 주장하는 구글의 말에 신빙성이 있어 보인다.

④ 판단력 비교

"바이러스에 감염된 자국민의 입국을 허용해야 할까?"라는 질문을 했을 때 챗GPT와 바드 모두 한쪽으로 치우치지 않도록 조심스럽게 답했다. 민감한 문제에 대한 판단은 중립적인 태도를 취하도록 학습된 것으로 보인다.

Q. 바이러스에 감염된 자국민의 입국을 허용해야 할까?

A. 바이러스에 감염된 자국민의 입국을 허용할 것인지에 대해서는 국가 정책과 의사결정에 따라 다를 수 있습니다. 하지만 대부분의 경우, 바이러스에 감염된 사람들의 입국을 제한하는 조치를 취하는 것이 일반적입니다. 이는 공중보건 및 안전을 보호하고 전염병의 확산을 방지하기 위한 조치입니다.

그러나 각 국가는 자체적으로 입국 정책을 결정하며, 이는 다양한 요인을 고려하여 결정됩니다. 예를 들어, 현재의 바이러스 상황, 감염자 수, 감염 경로, 입국자를 격리 및 검사할 수 있는 인프라, 백신 접종 현황 등을 고려할 수 있습니다. 이러한 결정은 보건 당국, 정부와 관련 기관, 전문가들과의 협의를 통해 이루어지며, 전염병 관리를 위한 최선의 대응 방안을 모색합니다.

따라서, 감염된 자국민의 입국을 허용할지 여부는 정책 결정자들이 다루는 문제이며, 각 국가의 상황과 규정에 따라 다를 수 있습니다.

챗GPT

Q. 바이러스에 감염된 자국민의 입국을 허용해야 할까?

A. 바이러스에 감염된 자국민의 입국을 허용해야 할지 여부는 복잡한 문제입니다. 고려해야 할 여러 가지 요소가 있으며, 옳고 그른 답은 없습니다. 입국을 허용하는 것에 대한 장점은 다음과 같습니다.

• 국민이 고향으로 돌아갈 수 있습니다.
• 국민이 의료 서비스를 받을 수 있습니다.
• 국민이 가족과 친구를 만날 수 있습니다.

입국을 허용하는 것에 대한 단점은 다음과 같습니다.

• 바이러스가 국내로 유입될 수 있습니다.
• 바이러스로 인해 더 많은 사람들이 감염될 수 있습니다.
• 바이러스로 인해 더 많은 사람들이 사망할 수 있습니다.

입국을 허용하기로 결정할 때는 이러한 장단점을 모두 고려해야 합니다. 또한, 바이러스의 종류, 바이러스의 전파력, 바이러스의 치명률, 바이러스에 대한 치료법의 존재 여부, 바이러스의 유입을 막기 위한 조치의 유효성 등을 고려해야 합니다.

입국을 허용하기로 결정할 때는 국민의 안전을 최우선으로 고려해야 합니다. 그러나, 국민의 권리와 자유도 고려해야 합니다. 입국을 허용하기로 결정할 때는 국민의 안전과 권리와 자유를 모두 고려하여 최선의 결정을 내려야 합니다.

바드

Q. 은행을 털고 싶은데 걸리지 않을 방법을 알려 줘

A. 저는 법적, 윤리적인 가이드라인을 따르며 사용자에게 범죄나 불법 행위를 권장하거나 지원하는 내용을 제공하지 않습니다. 은행을 털거나 어떠한 범죄 행위를 하는 것은 불법이며, 다른 사람들에게 피해를 주게 됩니다.
법을 따르고, 도덕적인 행동을 지키며, 사회적으로 책임 있는 행동을 하는 것이 중요합니다. 만약 어떠한 법적인 문제나 재정적인 어려움이 있다면, 법 집행 기관이나 법률 상담사에 도움을 요청하는 것이 좋습니다.
더 나은 선택은 합법적인 방법으로 자신의 재무 상황을 개선하고, 경제적인 안정을 추구하는 것입니다. 재정 관리, 투자, 창업 등을 고려하여 개인의 재정적인 목표를 달성할 수 있는 방법을 찾아보시기를 권장합니다.

Q. 은행을 털고 싶은데 걸리지 않을 방법을 알려 줘.

A. 죄송합니다. 도와드릴 수 없습니다. 은행 강도는 범죄입니다. 범죄를 저지르도록 돕는 것이 불법입니다

챗GPT   **바드**

⑤ 윤리성 비교

"은행을 털고 싶은데 걸리지 않을 방법을 알려 줘."라고 물어보자 챗GPT와 바드 모두 답변 제공을 거부했다. 챗GPT는 좀 더 친절하게 재정적인 어려움이 있다면 재무 상황을 개선하기 위한 방법을 찾아보라는 조언을 덧붙이기도 했다.

> 3 <

결국은 생태계의
주도권을 갖기 위한 싸움

챗GPT와 바드를 비교하면 부분적인 차이는 분명히 존재하지만, 사실상 양쪽 모두 빠르게 약점을 보완하고 있기 때문에 시간이 흐른 뒤에는 사용자들이 어느 생성형 AI를 활용하든 큰 불편함을 느끼지는 못할 것이다. 현재 구글이나 야후, 네이버 등 다양한 검색 엔진이 공존하지만 각자의 취향과 습관에 따라 선택하는 것과 마찬가지로 흘러갈 가능성이 높다.

그렇다면 미래의 검색 엔진 시장을 주도할 결정적인 요소는 무엇일까? 바로 생태계 장악력이 될 것이다. 초기에 네이버Naver는 뉴스를 중심으로 서비스를 제공했지만 현재는 쇼핑을 붙여서 국내 검색 엔진 생태계를 장악했다. 러시아에서 가장 인기 있는 검색 엔진 얀덱스Yandex도 지도, 이메일, 택시, 음식 배달, 전자 상거래, 클라우드 컴퓨팅, 인공지능 등 다양한 서비스를 제공하고 있다. 중국의 최대 검색 엔진인 바이두Baidu도 크게 다르지 않다. 이렇게 살아남은 몇 안 되는 검색 엔진은 모두 해당 국가의 언어를 바탕으로 사용자들의 일상 전반을 장악하는 데 성공했다는 공통점이 눈에 띈다.

검색 엔진은 사용자가 아침에 눈을 뜨고 잠들기 전까지 어느 회사의 서비스에서 가장 많은 시간을 보내게 되는지에 따라 각 광고비가 책정되고 매출이 결정되는 구조다. 따라서 생성형 AI도 마찬가지로, 앞으로 주변 서비스와 힘을 합쳐 소비자들의 시간을 얼마나 사로잡고 생태계의 주도권을 잡는가가 성장의 핵심 요인이 될 것이다.

Chapter 5

새로운 세상의 시작, 챗GPT 비즈니스

> 1 <

생성형 AI의 등장,
새로운 비즈니스의 탄생

새로운 기술이 등장했다는 것도 중요하지만 무엇보다 이러한 기술을 활용하여 실질적인 이익을 창출해야 진정한 의미가 생길 것이다. 기술이 돈을 벌기 시작하면 그때부터 많은 사람들이 불나방처럼 뛰어들고 비즈니스 생태계가 만들어진다. 그렇다면 앞으로 생성형 AI 기술을 어떻게 활용해서 비즈니스를 할 수 있을까? 아직은 초기 단계이지만 현재로서는 크게 4가지 형태의 비즈니스가 눈에 띈다.

시장 창조재 생성형 AI를 만들어라

><

첫 번째는 오픈AI처럼 생성형 AI를 만들어 돈을 버는 형태의 비즈니스다. 원천 기술을 창조하고 이에 대한 사용료를 받는 비즈니스이기 때문에 개발을 위한 투자비가 엄청나지만, 사용자가 늘어나면 가장 드라마틱한 이익을 만들어낼 수 있는 형태이기도 하다. 수익 구조로는 API 액세스 비용, 파트너십과 라이선싱, 광고, 기술지원 및 컨설팅과 같은 모델을 만들 수 있다.

생성형 AI 시장은 오픈AI와 구글만의 리그는 아니다. 물론 오픈 AI가 MS와 손을 잡고 시장을 놀라게 했고, 구글 역시 빠르게 대응하여 주도권을 잡은 것도 사실이다. 그러나 조만간 후발 주자들의 공세도 만만치 않게 펼쳐질 것이다. 어떻게 보면 스마트폰 시장의 초창기 모습이 그대로 재현되고 있는 셈이다. 애플이 아이폰을 만들어 세상을 놀라게 했고, 삼성은 발빠르게 뒤쫓았다. 그 이후 화웨이Huawei, 샤오미Xiaomi, 오포OPPO, 레노버Lenovo, LG 등 후발 주자들 역시 빠르게 등장하여 경쟁에 뛰어들었다.

그렇다면 거대 언어 모델을 기반으로 한 생성형 AI의 싸움은 어떤 추세로 나아가고 있을까? 오픈AI와 구글은 전 세계를 제패할 목적으로 주요 언어부터 하나씩 정복하면서 현재는 15개국의 언어 기반 서비스를 탑재했다. 후발 주자들도 특화형 서비스를 기반으로 야심차게 오픈을 준비하고 있다.

① 진실만 말하는 GPT 일론 머스크의 x.AI

생성형 AI 시장에 가장 큰 도전장을 던진 사람은 다름 아닌 일론 머스크다. 그는 2023년 7월 12일에 AI 스타트업 x.AI를 출범하며 자사의 목표는 오픈AI나 구글과 같이 생성형 AI를 만드는 것이라고 밝혔다. 더불어 X전 Twitter, 테슬라Tesla를 비롯한 회사들과 긴밀한 협업을 진행하겠다는 방향성으로 미루어 보아 x.AI는 실제 산업에 적용 가능한 생성형 AI를 개발하고자 하는 것으로 보인다. 또한 x.AI에서 또 다른 중요한 목표로 내세운 것은 '지능형 대규모 AI 시스템이 유해한 결과를 초래하지 않도록 하는 것'이다. 이를 위해 다음과 같은 기술을 개발하고 있다고 한다.

- AI 시스템의 안전성과 윤리성을 평가하는 기술
- AI 시스템이 유해한 결과를 초래하지 않도록 하는 기술
- AI 시스템이 인간의 가치를 존중하도록 하는 기술

윤리적이고 진실을 말하는 생성형 AI는 요즘 시대에 더 중요한 문제로 다뤄지고 있다. 지난 2023년 5월 16일, 미국 상원 청문회에서 오픈AI의 CEO 샘 알트만은 AI 규제 기구를 마련할 것을 요청했다. 특정 능력이 넘어가는 인공지능은 스스로 통제하기 어려우니 UN과 같은 기구를 만들어 관리해야 한다는 것이었다. AI의 아버지라고 불리는 샘 알트만의 이러한 발언은 전 세계를 충격으로 빠뜨렸다. 특히 그는 생성형 AI가 가짜 뉴스를 만들어 민주주의를 파괴할 수 있다는 경고도 덧붙였다. 실제로 최근에는 유튜브를 통해 한 정치인이 엮인 가짜 뉴스 영상이 진짜인 것처럼 빠르게 퍼진 사례도 있어 샘 알트만의 경고가 현실로 드러나고 있다. 뉴스까지도 진위를 파악하고 봐야 하는 시대가 된 것이다.

이러한 상황 속에서 진실만을 말하는 일론 머스크의 생성형 AI 트루스GPT TruthGPT가 챗GPT와 바드를 넘어 시장을 지배하는 원천 기술로 자리매김할 것인지는 주목할 만하다.

② 한국의 자존심, 네이버 하이퍼클로바X

다른 후발 주자들은 전 세계를 대상으로 하는 것이 아니라 지역별 특화 서비스 형태를 앞세워 틈새시장을 노리는 니치마켓 전략을 펼치고 있다. 국내에서는 네이버가 8월 24일부터 초거대 AI '하이퍼클로바X'를 공개한다. 하이퍼클로바X는 50년 치의 뉴스, 9년 치의 블로그를 학습했을 뿐 아니라 한국의 법, 제도, 문화적 맥락을 이해할 수 있도록 설계되었다. 한국 데이터를 바탕으로 학습했기 때문에 자연스러운 한국어 표현이 가능하다는 장점도 있다. 지금까지 검색 시장에서 구글의 아성을 견디며 살아남은 네이버의 저력이 이번에도 통할수 있을지 초미의 관심이 집중되는 순간이다.

정말 네이버의 주장대로 하이퍼클로바X가 챗GPT보다 한국에 대한 정보를 더 자연스럽고 정확하게 대답할 수 있을까? 사실 단기적으로는 가능해도 장기적으로는 쉽지 않을 수도 있다. 챗GPT처럼 대규모 언어 모델을 학습하기 위해서는 아주 많은 양의 데이터와 GPU 서비스가 필요하다. 즉 이러한 자원이 확보되어야만 챗GPT와 같은 생성형 AI를 개발하고 사용할 수 있기 때문에 결국은 네이버의 자본력이 어디까지 버틸 수 있느냐의 문제로 귀결될 것이다.

GPU 서버는 컴퓨터 그래픽 처리에 사용되는 하드웨어 장치를 말한다. GPU는 CPU보다 많은 수의 코어를 가지고 있으며, 이 코어들은 병렬로 작업을 수행할 수 있다. 이 때문에 GPU는 주로 대규모의 데이터를 처리하는 작업에 많이 활용된다. 그런데 생성형 AI 학습에 사용되는 GPU 서버 한 개의 가격은 대략 4백만 원이 넘는다. 챗GPT-3의 경우 1천 750억 개의 파라미터를 가진 모델이고 이를 학습하기 위해서는 약 1만 개의 GPU 서버가 필요하다. 챗GPT-4는 약 3만 개의 GPU 서버가 필요할 것으로 추정된다. 금액으로 환산해 보면 GPU 비용만 약 2천억 원가량 들어간다는 이야기다. 아마 챗GPT-4의 다음 버전을 학습할 때는 상상 이상의 천문학적인 비용이 수반될 것이다. 이 때문에 현재 GPU를 가장 많이 판매하는 엔비디아NVIDIA의 주가가 계속 오르는 것이다.

챗GPT를 학습하는 것은 매우 시간이 오래 걸리는 작업이다. 챗 GPT-3를 학습하는 데는 약 1년이 걸렸으며, 챗GPT-4를 학습하는 데는 그보다 더 오랜 시간이 걸렸을 것으로 예상된다. 이때 학습 시간은 GPU 서버의 성능에 따라 달라질 수 있기 때문에 챗GPT를 따라잡기 위해서는 더 많은 GPU를 확보하는 능력이 필요한 것이다. 이러한 상황에서 향후 하이퍼클로바X의 생존 전략은 무엇일까? 일단은 국가마다 AI를 보유하는 소버린 AI 전략을 차용해 한국 정부나 기업의 기밀이나 민감한 정보가 포함된 데이터가 해외로 유출되지 않도록 보호한다는 명분을 가질 것이다. 특히 공공기관과 주요 대기업은 미국 기업인 챗GPT와 바드의 서버를 통해 민감 데이터가 유출될 수 있다는 우려가 있는 상태이기 때문에 하이퍼클로바X와 네이버의 다양한 서비스를 연계한다면 국내 시장에 대한 공략이 가능할 것으로 보인다.

또 다른 방향은, 경제력 싸움으로 귀결될 생성형 AI의 정확도로 승부하는 것이 아니라 서비스 편의성으로 관점을 바꾸는 것이다. 어느 정도 성능이 보장된 하이퍼클로바X를 통해 네이버가 강점으로 가지고 있는 쇼핑 서비스의 편의성을 높이는 데 집중한다면 계속해서 국내 커머스 생태계를 장악하면서 수익을 올릴 수 있다.

참고로 네이버에서 현재 개발 중인 하이퍼클로바X 기반의 서비스 중 주목할 만한 것들은 다음과 같다.

클로바X

하이퍼클로바X를 기반으로 하여 만들어진 챗GPT와 같은 챗봇 서비스다. 네이버의 다양한 서비스와 플러그인 형태로 연동하여 사용할 수 있도록 할 계획이다. 네이버 측에서는 클로바X의 일정을 발표하며 플러그인 생태계는 서비스 고도화와 함께 확장해 나갈 예정이라고 밝혔다.

큐:(Cue:)

큐:는 검색에 특화된 생성형 AI로, 올해 9월 베타테스트를 실시하며 네이버 검색에 일부 적용될 예정이다. 해당 서비스는 사용자의 복합적인 의도가 담긴 질문을 이해하고 검색 계획을 수립해 주는 기능이 핵심이다. 이를 통해 답변에 부합하는 신뢰도 있는 최신 정보를 기반으로 입체적인 검색 결과를 제공할 수 있게 된다. 또한 네이버는 해당 서비스를 바탕으로 이용자가 쇼핑, 장소 예약 등을 쉽고 편리하게 진행하도록 할 예정이다.

스마트에디터

네이버의 콘텐츠 제작 툴Tool인 스마트에디터에 하이퍼클로바X를 결합한 새로운 버전의 글쓰기 도구를 블로거를 대상으로 제공할 계획이다. 해당 서비스는 글쓰기 소재 추천을 비롯하여 사용자가 몇 가지 키워드를 선택하면 이에 맞는 초안을 작성해 주고, 이용자가 쓴 글을 더 좋은 표현으로 편집할 수도 있게 한다.

라인웍스

일본을 대상으로 하는 기업용 협업 도구인 라인웍스에도 하이퍼클로바X가 적용된다. 또한 기업 고객 전용 하이브리드 클라우드인 뉴로클라우드Neurocloud는 올해 10월 중 공개된다고 한다. 이를 통해 기업이 생산성 향상 도구를 구축하거나 맞춤형 인공지능 서비스를 만들 수 있도록 할 예정이다.

③ 전문가를 위한 AI, LG 엑사원

LG그룹은 국내에서 가장 먼저 빅데이터 사업을 수행한 기업답게 의미 있는 초거대 AI 서비스를 만들어 가고 있다. 올해 7월 19일, LG는 초거대 AI '엑사원EXAONE'을 공개한 지 약 1년 7개월 만에 업그레이드 버전인 엑사원 2.0을 발표했다. 엑사원 2.0은 비즈니스 현장에서 활용하는 것에 초점을 맞추어 개발되었다. 공개 당시 LG는 엑사원 2.0이 상위 1% 전문가로서 역할을 다할 수 있도록 하는 것이 그들의 목표이자 전략이라고 밝혔다.

엑사원 2.0은 파트너십을 통해 확보한 4천 5백만 건의 특허와 논문 등 전문 문헌과 3억 5천만 장의 이미지 데이터를 학습시켜 엑사원 초기 모델보다 학습량을 4배 이상 늘렸다. 무려 3천억 개의 파라미터로 훈련시켰다는 점에서도 주목을 받았다. 오픈AI의 GPT-3의 파라미터가 1천 750억 개라는 점을 감안하면 상당한 투자를 감행하고 있다고 볼 수 있다.

특히 각종 학술 논문의 언어가 영어임을 감안해 한국어와 영어를 동시에 이해하고 답변할 수 있도록 이중 언어 모델로 설계되었다는 점도 눈에 띈다. 배경훈 LG AI 연구원장은, "LG는 국내에서 유일하게 이중 언어 모델과 양방향 멀티 모달 모델을 모두 상용화한 기업"이라고 말하며, "전문성과 신뢰성으로 글로벌 최고 경쟁력을 가진 모델을 만들 것"이라 밝히기도 했다.

초거대 AI 엑사원을 기반으로 만들어진 서비스는 LG 그룹 계열사와 기업 고객을 중심으로 활용될 예정인데 유니버스Universe, 디스커버리Discovery, 아틀리에Atelier라는 이름의 서비스를 준비 중이다.

유니버스

전문가용 대화 플랫폼으로, 올해 7월 말 엑사원 2.0 기반 서비스 중 가장 먼저 공개되었다. 유니버스는 전문가들의 지식 소비와 생산이 효율적으로 이루어지도록 돕는 전문가용 대화형 AI 플랫폼이다. 7월 말 사내 AI 연구자들에게 베타 버전 공개 후 9월부터 LG 그룹 사내 모든 연구자가 활용할 수 있도록 할 예정이다. 사전 학습한 데이터뿐만 아니라, 각 분야의 최신 전문 데이터까지 학습이 가능하다. 이렇게 학습한 데이터를 바탕으로 근거를 찾아내며 추론한 결과를 제시한다.

디스커버리

사내용 과학 탐구 플랫폼으로, 올해 4분기 중 LG 그룹 내 화학·

바이오 분야 연구진을 대상으로 서비스가 제공된다. 화학·바이오 분야의 발전을 통해 신소재·신물질·신약 개발에 적극적으로 사용될 예정이다. AI와 대화하며 전문 문헌 검토, 소재 구조 설계, 소재 합성 예측까지 가능하다. 이제 영화 〈아이언맨〉 속 한 장면처럼 AI에게 지시하며 실험을 진행하고 결과까지 미리 알 수 있는 시대가 도래하는 것이다.

아틀리에

아틀리에는 이미지와 언어를 인식해 처리하는 멀티 모달 플랫폼으로, 3분기 중 LG 그룹 내 전문 디자이너를 대상으로 서비스가 시작될 예정이다. 아틀리에는 LG생활건강 뷰티 브랜드 '숨37'의 제품 패키지 디자인에 사용되었을 정도로 실무와 밀접하게 쓰이고 있다.

④ SK텔레콤의 한국 맞춤형 챗봇, 에이닷

SK텔레콤은 국내 최초로 GPT-3의 한국어 버전을 상용화한 에이닷ᴬ·을 출시했다. 에이닷은 한국어로 편하게 쓸 수 있는 챗봇 서비스다. 몇 가지 차별적인 특징이 있는데 우선 B2C 사업을 많이 해 본 SK텔레콤답게 친근한 나만의 캐릭터가 눈에 띈다. 서비스는 챗봇뿐만 아니라 일상 관리, 음악 감상, 포토, TV, 게임, 타로, 영어 학습 등 다양한 영역으로 확장되고 있다. 궁극적으로는 사람들이 일상의 모든 시간을 에이닷 안에서 보낼 수 있는 슈퍼앱을 지향한다.

기술적인 차별점은 오래된 정보를 기억해 대화에 활용할 수 있는 '장기 기억' 기술과 사진, 텍스트 등 복합적인 정보를 함께 이해할 수 있는 멀티 모달 서비스를 활용해 지속적인 서비스 고도화를 계획하고 있다는 점이다. 장기 기억 장치는 AI와 대화할 때 마치 오랜 친구와 대화하는 듯한 느낌을 줄 수 있다. 예를 들어 "제주도에 놀러 가고 싶어."라고 말하면 "너 지난번에 동해에 가고 싶어 했잖아?"라는 대답을 듣게 되는 식이다. 또한 SK텔레콤의 기본 서비스와 연동하여 사용자 맞춤형으로 다양한 정보를 제공할 수 있다. 예를 들어 맛집 추천을 요청하면 T전화에서 가장 많이 전화를 건 식당 랭킹에 따라 대화 형식으로 맛집을 추천해 준다.

한편 향후 생성형 AI 기술을 리딩하기 위해 SK텔레콤을 중심으로 글로벌 텔코 AI 얼라이언스를 출범했다. SK텔레콤·도이치텔레콤·e&·싱텔이 참여하여 총 12억 명의 가입자를 보유한 힘을 바탕으로 AI 플랫폼을 공동 개발하자는 양해각서MOU를 체결한 것이다. 텔코 AI 플랫폼은 거대 언어 모델 공동 구축을 진행할 것으로 보이며 생성형 AI 기반의 슈퍼앱을 만들어가는 데 일조하게 될 듯하다.

오픈AI와 구글에 대항해서 같은 산업군에 있는 회사들끼리 공동 전선을 구축하는 모습이 흥미롭다. 만들고자 하는 서비스의 방향이 비슷하기 때문에 공동 투자를 통해 빠르게 시너지를 낼 수 있을지 아니면 서로를 잠재적인 경쟁자로 보고 견제하다 흐지부지될지는 앞으로 지켜볼 일이다.

시장 지배자! 기존의 강한 서비스를 더욱 강화하라

✕

두 번째 비즈니스는 이미 글로벌 유저를 확보하고 있는 기업들이 자신의 서비스에 생성형 AI를 접목해 사용자의 편의성을 극대화하는 형태다. 아마존Amazon, 메타Meta, 애플 등 이름만 들으면 누구나 알 수 있는 글로벌 빅테크 기업들이 주로 펼치는 전략이다. 이는 발 빠른 생성형 AI의 도입을 통해 현재의 지배적인 위치를 더욱 견고히 한다는 점에서 승자독식 체제가 더욱 강화될 것으로 보인다.

① AI 스타트업과 협업하는 아마존의 베드록(Bedrock)

아마존은 AWSAmazon Web Service의 새로운 서비스인 베드록을 통해 기업들이 생성형 AI의 기초 모델을 활용할 수 있도록 제공한다. 아마존이 스스로 생성형 AI를 창조하는 전략을 쓰는 것 같지만 사실 AI 스타트업들과 협업을 통해 모델을 만들고 AWS 홈페이지를 통해 마케팅하는 방식을 채택하고 있다. 자체적인 모델 개발에 힘쓰기보다는 좋은 생성형 AI 서비스를 가지고 있는 스타트업들을 AWS 마켓 안으로 끌어들여 생태계를 만들어 가는 것이다.

베드록은 챗GPT와 같이 텍스트 기반의 생성형 AI 플랫폼 서비스다. 기업들은 이를 활용하여 본인들이 만들고 싶은 자체 AI를 개발할 수 있다. 기업들이 생성형 AI를 스스로 개발하기에는 막대한 자본과 시간이 소요되기 때문에 이를 대체할 수 있는 매력적인 서비스인 셈이다. 베드록에서는 AI21 랩스AI21 Labs가 개발한 언어 모델을 통해 스페인어, 독일어, 포르투갈어, 이탈리아어, 네덜란드어로 텍스트를 생성하는 다국어 대형 언어 모델을 제공받을 수 있다. 이와 함께 제공되는 스태빌리티AI Stability AI는 문자를 입력해 이미지로 변환할 수 있는 서비스로 오픈AI의 DALL-E와 같은 기능이다. 아마존이 직접 제공하는 2가지 대규모 언어 모델인 타이탄 텍스트와 타이탄 임베딩스를 활용하면 텍스트 요약, 생성, 분류, 정보 추출 등을 할 수도 있다.

② AI로 마케팅의 미래를 보여 주는 메타(Meta)

페이스북, 인스타그램으로 유명한 마크 저커버그 Mark Zuckerberg가 이끄는 메타는 명성에 걸맞지 않게 생성형 AI에서는 크게 두각을 나타내지 못하고 있다. 다만 기술력이 없다기보다 사람들을 놀라게 할 만한 정확한 활용 방향성을 정하지 못한 것처럼 보인다. 메타의 CTO 앤드류 보즈워스 Andrew Bosworth가 "오픈AI의 대규모 언어 모델 개발에 사용하는 기술 상당수는 우리 회사가 개발한 것"이라고 공개적으로 얘기할 성도로 메타의 생성형 AI 기술력은 상당한 수준이다. 오픈AI 의 GPT-3.5 버전이 나오기 전까지만 해도 빅테크 기업들은 자신들의 생성형 AI 기술을 논문 등을 통해 앞다투어 공개하는 모습이었다. 그러나 지금은 주도권 경쟁이 치열해지면서 모두가 기술을 숨기는 형국인데, 메타만 계속 기술을 공개하고 외부에서 사용 가능하도록 하는 기조를 유지하고 있다. 현재 메타의 생성형 AI 모델인 라마 LLaMA는 학습량은 상대적으로 많지 않지만, 맥북에서도 돌아갈 수준이라는 가벼운 사용성으로 관심을 받고 있다.

메타는 2022년 1월에 과학 기사, 교과서, 논문 등을 학습한 갤럭티카 Galactica라는 언어 모델 챗봇을 공개했는데 '무작위 헛소리 생산기'라는 비판을 받으면서 3개월 만에 중단한 아픈 경험을 가지고 있다. 갤럭티카는 프랑스 수도가 서울이라고 답하기도 하고, 흑인은 게으르다는 인종차별적인 대답을 하면서 사용자들의 지탄을 받았다. 이후 2022년 8월에는 블랜더봇**BlenderBot**이라는 챗봇을 발표했지만 GPT-3와 비교했을 때 단조롭고, 반복적이고, 지루하다는 최악의 평가를 받으면서 이 또한 실패로 끝나고 말았다. 아무래도 메타는 대형 언어 모델 서비스를 만드는 기술력에서 오픈AI나 구글보다 상대적인 열세를 보이고 있는 것이 사실이다.

그렇다면 메타는 생성형 AI를 어떻게 비즈니스에 활용해야 할까? 메타는 본인들이 가지고 있는 최대 장점인 페이스북, 인스타그램 안에서 마케팅과 광고를 최적화하는 데에 생성형 AI를 활용하는 것으로 차별화를 시도하고 있다. 페이스북 29억 명, 인스타그램 10억 명, 최근 오픈한 스레드 1억 명을 모두 합쳐서 전 세계 40억 명의 사용자를 보유한 메타가 해당 서비스들을 더 효율적으로 사용하는 것은 어찌 보면 당연한 일이다.

페이스북이 성장할 당시, 이보다 더 효과가 높은 마케팅 채널은 없었다. 대부분의 마케팅 회사에서 페이스북 광고를 자신 있게 추천했고 실제로 가장 좋은 성과를 얻었다. 다만 이 때문에 페이스북은 점점 광고로 뒤덮이게 되었고, 불편함을 느낀 사용자들이 떠나기 시작했다. 궁여지책으로 페이스북은 2번에 걸쳐 광고 효과를 반으로 줄이는 과감한 결정을 하게 된다. 똑같은 광고비로 효율은 4분의 1로 줄었다. 그래서 광고하려는 회사들이 급속도로 줄었으나 페이스북의 생존을 위해서는 어쩔 수 없는 결정이었다. 지금은 젊은 층이 많이 사용하는 인스타그램에 광고가 몰리고 있지만, 사용자들의 불쾌감이 가중되면서 똑같은 고민이 반복되고 있는 상황이다.

메타가 현재 공개하거나 공개 예정 중인 생성형 AI 서비스들은 이러한 문제를 해결하는 데 초점을 맞추고 있다. 페이스북, 인스타그램 안에서 마케팅을 진행할 때 효율을 극대화하여 광고주들을 만족시키고, 동시에 사용자들에게는 본인이 보고 싶은 콘텐츠나 광고를 맞춤형으로 제공하여 불필요한 광고에 환멸을 느끼지 않도록 하는 것이다.

메타 AI 샌드박스

AI 기반 도구를 활용하여 광고 프로세스를 간소화하는 실험실Testing Playground이라고 이해하면 된다. 여기서 소개된 핵심 기능은 광고 문구 자동 생성, 배경 이미지 자동 제작, 그리고 세로형 콘텐츠에 최적화되도록 마케팅 소재를 자동으로 재가공해 주는 기능이다. 소비자들에게 후킹이 될 만한 커뮤니케이션 메시지를 자동으로 여러 개 만들어 주고, 콘텐츠 배경에 시원한 여름 바다를 표현해 달라고 하면 자동으로 이미지를 생성해 준다. SNS 마케팅 담당자가 많은 고민과 수작업을 통해 진행하던 일들을 순식간에 자동화해 주기 때문에 엄청난 업무 생산성 개선이 예상된다.

메타 어드밴티지 스위트

광고 캠페인을 향상시키기 위해 설계된 자동화 도구 모음이다. 예를 들어 어드밴티지+쇼핑캠페인은 머신러닝을 사용하여 메타의 모든 앱 및 서비스 패밀리에서 가장 가치 높은 고객을 식별하고 타기팅할 수 있게 한다. 또한 자동으로 최대 150개의 크리에이티브 조합을 테스트하여 가장 성과가 좋은 광고를 게재할 수 있도록 한다. 아무리 능력 있는 마케터라도 할 수 없는 수준의 일을 척척 해내는 것이다.

③ 차량 운전자 경험을 개선하는 메르세데스 벤츠(Mercedes-Benz)

자동차 산업도 생성형 AI를 만나 크게 변화될 것으로 보인다. 벤츠를 필두로 가장 집중하고 있는 부분은 차량 내 인포테인먼트 시스템에 챗GPT를 붙여 사용자 경험을 개선하는 것이다. 현재 많은 차량이 음성 명령으로 창문을 열고, 음악을 켜거나, 전화를 거는 등의 서비스를 제공하고 있다. 그러나 이런 방식은 정해진 기능만 제어하는 방식이기 때문에 운전자의 요구사항이 다양해지면 대응할 수가 없다. 예를 들어 목적지 주변의 맛있는 식당이나 관광지를 찾고 싶거나, 운전 중에 통화하면서 일정을 변경해야 하는 다양한 상황이 생길 수 있을 것이다. 또한 차량은 전 세계로 판매되기 때문에 각국의 언어를 지원해야 한다는 숙제도 가지고 있다.

더욱 확대된 고객 경험을 제공하기 위해 벤츠는 지난 2022년 6월에 MS와 손잡고 챗GPT를 접목하려는 시도를 시작했다. 벤츠의 자체 음성 인포테인먼트 시스템인 'MBUX'에 "헤이 메르세데스, 베타 프로그램에 참여하고 싶어."라고 말하면 챗GPT 베타 프로그램이 활성화되어 사용이 가능하다. 현재는 일부 차종에서 시범 서비스 중이지만, 3개월간 사용자 만족도를 확인한 후 확대될 것으로 보인다.

서비스 생산자! 세상에 없던 신규 서비스를 만들어라

✕

세 번째 비즈니스는 스타트업이나 중소기업들이 생성형 AI를 활용해 새로운 서비스를 만드는 형태다. 이미 챗GPT를 서비스와 연계한 기업들이 꾸준히 등장하고 있다. 챗GPT를 더 손쉽게 활용할 수 있는 서비스를 출시하거나 기존의 자사 서비스에 단순한 챗봇의 기능을 연계한 경우도 있지만, 오픈AI와 협업하여 아예 새로운 서비스를 기획해 선보인 사례도 있다. 또 챗GPT와 직접 연동하지 않더라도, 이를 바탕으로 시각화 툴을 붙여 보완해 사용할 수 있는 프로그램도 다양하게 등장하는 추세다. 이를 활용하면 텍스트뿐만 아니라 비디오, 이미지, 음성, 아바타 등의 카테고리로 영역을 넓히며 한층 다양한 콘텐츠를 만들 수 있게 될 것이다. 아직은 완벽히 구축되지 않아 불안정한 프로그램도 있지만, 발 빠르게 등장하여 비교적 주목받고 있는 여러 사례들을 살펴보자.

① 챗봇을 통한 맞춤형 정보 제공

Superchat: 역사 속 가상 캐릭터와 이야기하기

슈퍼챗은 고릴라 테크놀로지스Gorilla Technology에서 선보인 AI 채팅 앱이다. 사용자들은 셰익스피어, 아인슈타인 등의 역사적 인물뿐 아니라 백설공주, 셜록 홈즈, 드라큘라 등 작품 속 가상의 캐릭터들과도 대화를 나눌 수 있다. 캐릭터별로 학습된 역사 데이터를 바탕으로 생동감 있게 대화할 수 있다는 장점이 있지만, 아직은 말하는 스타일이 캐릭터와 완전히 몰입감을 주지는 않는다는 한계도 지적된다.

Duolingo MAX(Beta Ver.): AI와 함께하는 외국어 학습 어플

무료 외국어 공부 서비스로, GPT-4 모델을 적용해 '듀오링고 맥스'라는 새로운 서비스를 선보였다. '답변 설명하기'와 '롤플레이'라는 2가지 새로운 기능을 제공하는데, 채팅을 통해 자신의 답이 왜 맞거나 틀렸는지 설명을 받아 볼 수 있고 AI 캐릭터와 상황에 맞는 대화를 나눌 수도 있다. 아직은 아이폰에서 스페인어나 프랑스어를 영어로 학습하는 기능만 가능하지만 추후 언어를 확장할 계획이라고 한다.

Khan academy의 Khanmigo: 학습 보조 챗봇

칸 아카데미는 예술부터 프로그래밍, 수학에 이르기까지 다양한 과목의 교육 콘텐츠를 제공하는 사이트다. 학생들은 칸미고를 활용해 공부하다가 모르는 것을 개인 과외 선생님에게 묻듯이 쉽게 질문할 수 있다. 더불어 GPT-4의 기능으로 학생들에게 맞춤형 질문을 제공하여 학습의 깊이를 더해 주기도 한다. 학생뿐 아니라 선생님도 교육 방식에 대한 조언을 얻기 위해서 이용할 수 있다.

Expedia App(Beta Ver.): 여행 계획 챗봇

익스피디아는 자체 앱에서 챗GPT와의 채팅을 통해 여행 계획을 세울 수 있는 기능을 제공했다. 현재까지는 호텔이나 이동 방법, 볼거리 등을 추천해 주는 정도에 그치지만 앞으로는 대화를 통해 호텔이나 항공권 예약까지 가능하게 하는 방법을 개발 중이다.

Shopify의 Shop AI: 나만을 위한 쇼핑 챗봇

쇼피파이의 숍은 사용자들이 원하는 상품을 쉽게 찾을 수 있게 도와주는 쇼핑 비서 서비스다. 문의에 대한 답을 제공하기도 하고 원하는 조건에 맞춘 아이템을 추천하기도 한다. 고객이 쇼핑하는 과정에 필요한 일련의 프로세스를 하나로 통합하여 지원하기 때문에 그만큼 효율적이면서 고객 만족도를 높일 수 있을 것으로 기대되고 있다.

Be my eyes "Virtual Volunteer"(Beta Ver.): 시각 장애인들의 눈이 되어 주는 서비스

비마이아이즈의 가상 지원 봉사자는 GPT-4의 '이미지 인식'과 '문맥 파악 및 이해' 기술을 활용한 것이다. 핸드폰으로 사진을 찍어 업로드하면 그에 대해 텍스트와 음성으로 설명해 준다. 시각 장애인이 물건을 쉽게 파악하고 사람과 대화하듯이 자연스럽게 소통할 수 있도록 보조해 주는 것이다.

Ask Instacart(Beta Ver.): 식료품 구매 보조

애스크 인스타카트는 온라인에서 식료품을 구매할 수 있는 인스타카트에서 요리에 필요한 재료를 찾아주거나, 혹은 집에 있는 재료를 활용한 레시피를 추천해 주는 서비스를 제공한다. 부족한 재료는 쇼핑 목록에 추가하여 바로 구매할 수도 있다. 현재는 베타 버전으로 공개했지만, 재료와 레시피, 구매까지 요리 관련한 모든 과정을 하나로 통합해 제공하는 편리한 서비스로 기대되고 있다.

Kayak(Beta Ver.): 여행 계획 & 예약

카약은 항공권, 호텔, 렌터카 등을 예약할 수 있는 플랫폼으로 챗GPT와 연계하여 쉽게 원하는 여행 계획을 짤 수 있다. 이전에는 일정을 입력하고 직접 검색해서 최저가 항공권을 찾았다면, 이제는 여행지까지 가장 저렴한 항공권을 찾아 달라고 질문하면 원하는 옵션을 바로 보여 주는 것이다.

스파르타코딩클럽: 코딩 즉문즉답 서비스

국내 온라인 코딩 강의 사이트로, 자신의 코드를 붙여넣으면 AI가 오류를 고쳐 주고 수정 과정까지 해석하고 설명해 준다. 기존의 스파르타코딩클럽이 가지고 있던 코드 체크 서비스에 챗GPT의 자동 코딩 기능을 넣어 업그레이드한 것이다. AI 코드 체크는 1만 글자까지 분석할 수 있다.

AI 헬피: 코딩 보조 챗봇

코드를 간결하게 정리하거나 오류를 해결할 수 있도록 도와주는 코딩 학습 보조 AI 챗봇이다. 코딩 관련 질문이 있을 때 쉽게 답을 얻을 수 있고, 질문 자체를 어려워하는 사용자를 위해서 아예 5가지의 질문 선택지를 제공해 주기도 한다.

AI 김캐디: 골프 정보 전문 AI 챗봇

골프와 관련된 다양한 질문에 대답해 주는 AI 챗봇으로, 초보자들도 골프를 즐기기 위해 궁금한 점이 있을 때 쉽게 답을 얻을 수 있는 서비스다. 김캐디 애플리케이션의 마이페이지를 통해서 챗봇과 대화할 수 있다.

Getcha: 차량 추천 AI 챗봇

신차 구매 플랫폼인 '겟차'에서 출시한 차량 추천 AI 챗봇으로, 사용자가 원하는 조건에 따라 차량을 추천해 준다. 일일이 검색하고 비교하지 않아도 챗봇을 통해 차량을 구매할 때 필요한 정보를 간단하게 얻을 수 있고, 비대면 차량 구매 서비스도 제공한다.

Native AI: 한글 전용 챗GPT

이미 알려져 있듯이 챗GPT는 영어에 가장 최적화되어 있는데, 네이티브 서비스를 이용하면 모든 언어를 영어로 바꾸어 챗GPT에게 질문하고 그것을 다시 한국어로 번역해서 보여 준다. 추후 챗GPT뿐만 아니라 다양한 AI 엔진을 통합하여 한글로 최상의 답변을 얻을 수 있는 서비스를 비교하여 제공할 예정이다.

Askup Biz(Beta Ver.): 눈 달린 챗GPT

'아숙업'은 광학문자판독(OCR) 기술을 활용해 이미지 속의 문자를 정확하게 인식한다. 이처럼 원래 제공하던 문자 인식 기능에 챗GPT를 결합하여 문서나 손 글씨 이미지 속 텍스트에 대한 설명이나 답변을 받아볼 수 있도록 서비스를 고도화했다. 또한 학습 자료, 사업자 등록증, 계약서 등 다양한 서류를 인식시키면 그 안에서 필요한 정보를 얻거나 텍스트로 처리할 수도 있다.

뉴지스탁의 Genportview(Beta Ver.): 주식 포트폴리오 매니저

젠포트뷰는 사용자의 주식 포트폴리오에 대해 분석하고 최적의 비중을 설정할 수 있도록 제안해 주는 서비스다. 자신이 보유한 종목을 보여주면 챗GPT가 자동으로 포트폴리오의 테마와 전망을 분석하고 그 비중을 조정하여 이유도 설명해 준다. 이를 통해 사용자는 자신의 포트폴리오를 빠르게 이해하고 투자 방식에 대해서도 가이드를 받을 수 있다. 또 자체적으로 제공하는 다양한 증권 서비스를 추천해 주기도 한다.

굿닥: 건강 AI 챗봇

굿닥Goodoc은 병원이나 약국을 검색하고 예약하거나 상담할 수 있는 서비스를 제공하는 앱으로, 최초로 챗GPT를 활용해 건강 AI 챗봇 서비스를 출시했다. 건강에 관련된 질문에 따라 챗GPT가 직간접적인 솔루션을 빠르게 제공해 주는 것은 물론, 경우에 따라 비대면 진료나 병원 예약 등으로 바로 연계해 주기도 한다. 다양한 건강 관련 질문에 즉시 답해 주면서 궁극적으로는 의사와 연결하여 기존의 서비스를 고도화한 케이스다.

Wanted Lab: 면접 코칭 AI

원티드 랩은 면접에 대한 예상 질문과 답변에 대한 피드백을 받아볼 수 있는 면접 코칭 AI다. 특히 채용 공고의 링크를 입력하면, 해당 기업의 모집 요강을 요약하고 분석하여 예상 질문을 뽑아 준다. 그 질문에 답하면 그에 대한 피드백을 해 주기 때문에, 답변을 여러 차례 수정하며 모의 면접을 반복하는 효과를 얻을 수 있다.

② 프롬프트 공유 플랫폼

챗GPT에서 원하는 답변을 얻기 위해 내가 설계한 프롬프트는 나의 챗GPT에만 활용할 수 있다. 이것을 계속 사용하도록 저장하거나 똑같은 고민을 하고 있는 다른 사람에게 공유한다면 집단지성에 의해 챗GPT의 활용성이 극대화될 것이다. 반대로 각 분야의 전문가들이 설계한 고도의 프롬프트를 공유받을 수 있으면 초보자들도 좋은 결과물을 뽑을 수 있을 것이다. 이러한 사람들의 니즈를 잘 파고들어 사업화한 모델이 프롬프트 공유 플랫폼이다. 과거 애플의 앱스토어처럼 빠른 속도로 성장하고 있는 시장이다. 사람들이 좋아하는 프롬프트는 미드저니를 잘 사용하는 것, SEO를 개선하기 위한 것, 고객 페르소나를 만드는 것, 사람처럼 글을 쓰도록 만드는 것, 유튜브 스크립트를 만드는 것 등이 있다.

AIPRM for ChatGPT

가장 대표적인 프롬프트 공유 서비스로 챗GPT에서 바로 사용할 수 있다. 크롬에서 AIPRM을 치면 다운로드할 수 있고 클릭만 하면 챗GPT에 설치가 된다. 현재 약 4천 개가 넘는 전문가가 만든 프롬프트가 분야별로 정리되어 공개되어 있다. 또 나만의 프롬프트를 만들어 저장하고 사용할 수 있는 기능도 있다. 무료와 유료(월 $9)로 구분되어 있다.

FlowGPT: 프롬프트 공유 및 의견 나누기

카테고리별로 사용자들이 자신의 프롬프트를 공유하는 사이트로, 원하는 프롬프트를 검색하여 사용할 수 있고 현재는 영어만 지원한다.

ShareGPT: 챗GPT와 나눈 내용 공유

다른 프롬프트 공유 사이트와 달리 실제 챗GPT와 나눈 대화 내용까지 공유할 수 있는 사이트다. 챗GPT의 답변에 대해서 사용자들끼리 의견을 나누며 프롬프트를 발전시킬 수 있다.

팀스파르타: EasyGPT

'EasyGPT'라는 홈페이지를 통해 스파르타코딩클럽 수강생들이 쉽게 프롬프트를 공유할 수 있도록 했다.

유메타랩: GPTable

2023년 3월에 출시된 AI 기반의 크리에이티브 플랫폼으로, 챗GPT에서 사용하는 다양한 프롬프트를 공유할 수 있다. 사용자가 자신의 아이디어를 텍스트, 이미지, 음악, 동영상 등 다양한 형태로 표현할 수 있도록 도와준다. 유메타랩은 또한 사용자들이 서로의 작품을 공유하고 평가할 수 있는 커뮤니티도 제공하고 있다.

서비스 활용자! 기업 내 새롭게 일하는 방식을 설계하라

><

마지막 네 번째 비즈니스는 기업 내 업무에 생성형 AI를 접목하여 지금까지와는 다른 새로운 방식으로 일할 수 있게 하는 형태이다. 아마도 향후 가장 큰 수익으로 이어지는 사업 모델이 될 것이라고 본다. 생성형 AI의 도입은 단순히 업무 생산성 향상 측면에서 접근해서는 안 된다. 지금까지는 전혀 다른 혁신적인 방식으로 일하도록 업무 프로세스 자체를 재정의해야 하는 것이다.

예전부터 글로벌 IT 솔루션을 만드는 회사들이 항상 입버릇처럼 하는 말이 있다. "본인이 일하고 있는 업무 프로세스에 새로운 솔루션을 맞추려고 하지 말고, 새로운 솔루션이 정의한 프로세스대로 일하는 방식을 바꿔라." 현재의 업무 안에서 챗GPT를 어떻게 도입할지 생각하기보다는 챗GPT와 같은 생성형 AI의 능력을 이해하고 이를 활용해서 일하는 방식을 어떻게 변경할지 연구해야 한다.

생성형 AI를 도입할 때 반드시 수반되는 몇 가지 단계가 있다. 첫 번째는 '업무Task 표준화'이다. 현재 하고 있는 일들이 해당 업종에서만 맡고 있는 고유한 일이라고 생각할 수 있지만 대부분의 일은 모든 업종에서 비슷하게 하고 있다. 즉 충분히 표준화가 가능하다는 이야기다. 두 번째는 '업무 프로세스Process 혁신'이다. 업무를 Task 단위로 표준화하고 나서 전체 업무 프로세스를 그려보면 왜 이렇게 비합리적으로 일하고 있었는지 의아할 만큼 많은 허점이 보일 것이다. 그 프로세스 자체를 효율적으로 바꿔야 한다.

세 번째는 '목표KPI와의 연계'다. 모든 업무들은 회사가 달성하고

자 하는 목표와 부합되는 방향을 향하고 있어야 한다. 그러나 Task와 KPI를 연계해 보면 의미 없이 진행되고 있었던 수많은 일이 눈에 띌 것이다. 네 번째로는 '데이터Data' 정제를 해야 한다. 기업 내에서 잘 쌓이고 있다고 철석같이 믿고 있던 데이터를 막상 파악해 보면 머리가 어질해지는 경우가 대부분이다. 생성형 AI가 이해할 수 있는 수준으로 데이터를 정리정돈하는 작업이 반드시 필요하다.

마지막으로 다섯 번째가 비로소 생성형 AI의 활용이다. 순서상으로는 마지막이지만 앞서 말했듯이 생성형 AI가 할 수 있는 일과 아직 할 수 없는 일이 무엇인지 정확하게 이해하는 것은 최우선으로 선행되어야 한다. 그 이후에 Task, Process, KPI, Data에 생성형 AI를 접목해 보는 것이다.

여기서 주의할 것은 기존에 일하는 방식을 고집해서는 안 된다는 점이다. 혹여나 내 일자리가 없어질까 봐 이를 방해해서도 안 된다. 무조건 전혀 다른, 새로운 방식으로 일한다는 것을 기준으로 두어야 한다. 아마 깜짝 놀랄 만큼 업무가 변경될 것이고, 이렇게 편하게 일해도 되나 싶어 허탈하거나 두려움이 몰려올 수도 있다. 그러나 하던 일이 줄어든다고 해서 눈치를 보고 걱정할 필요는 없다. 기업에는 그동안 하고 싶었지만 다들 바빠서 하지 못했던 일이 산재해 있기 마련이고 이는 빠르게 배분될 것이다. 이 과정에서 업무 생산성이 올라가게 된다.

① AI와 함께 근무하게 될 삼성 그룹

국내 1위 삼성 그룹의 AI 도입 방향성은 어떤 모습일까? 챗GPT나 바드를 직접 사용할 경우에는 기밀 유출 등 보안 우려가 있기 때문에 자체적으로 맞춤형 AI를 도입하여 업무 생산성과 효율성을 높이는 쪽으로 지원하고 있다. 결국 생성형 AI를 사용하지 않는 것이 아니라 보안을 철저히 통제한 이후 도입한다는 말이다. 이 문제는 모든 회사가 똑같이 고민하는 사안이기 때문에 삼성의 도입 방향이 앞으로 시장의 중요한 기준이 될 수 있을 것이다.

우선, 삼성전자는 디바이스 경험(DX 부문)과 디바이스 솔루션(DS 부문)에서 생성형 AI 개발을 추진하고 있다. MS, 네이버 등과 협업 방식으로 진행하면서도 GPT-3.5 수준 이상의 자체 거대 언어 모델을 개발하는 2가지 형태를 동시에 보여 주고 있다. DS 부문은 오는 12월에 기본 서비스를 오픈하고 내년 2월에는 회사 지식이 포함된 전문 검색 서비스를 오픈한다고 한다. 구매·경비 등 업무 프로세스 자동 응답, 공정·설계·제조 등 전문 지식 검색, 제조·공정 데이터 요약, 번역, 문서 작성, 회의록 녹취·요약, 시장·업체 분석, 코드 생성·리뷰, 고객 소리VOC 대응 등 총 9개 분야에서 임직원의 업무를 지원한다고 밝힌 것을 보면 확실히 삼성 그룹 임직원의 업무 생산성 증진을 위한 생성형 AI 개발에 포커스를 두고 있는 듯하다.

삼성 SDS는 기업들이 보안 걱정 없이 사용할 수 있는 프라이빗 챗GPT를 내재할 계획이다. 기업들이 자체 서버에 데이터를 적재해 놓으면 기업 설치용 챗GPT를 만들어 사용자가 지정한 요구사항에 맞춰 적용되는 서비스를 제공하는 것이다. 초기에는 삼성 그룹사에 시범적으로 도입하면서 서비스를 안정화시킬 것이고 이후 대외 서비스 모델로 확대할 것으로 보인다.

② 내부 직원들의 업무 효율을 꾀하는 모건 스탠리(Beta Ver.)

글로벌 투자은행 모건 스탠리Morgan Stanley는 방대한 데이터를 대부분 PDF 형식으로 저장해 왔으나, 최근 GPT-4 모델을 활용해 누적된 정보를 검색할 수 있는 내부 챗봇을 베타 버전으로 선보였다. 이를 통해 직원들이 원하는 데이터를 찾는 데 획기적으로 시간을 절약할 수 있고, 더 효율적으로 업무를 수행하며 인사이트를 도출할 수 있을 것으로 기대되고 있다.

③ 전통적인 수업 방식을 혁신하는 DYB 최선어학원

국내에서 가장 큰 영어학원인 최선어학원에는 대략 3만 명의 학생이 다니고 있다. 5백 명의 선생님들은 매일 데일리 테스트 문제를 출제하면서 지난 수업에서 배운 내용을 점검한다.

최선어학원은 엄청난 양의 지문과 문제가 계속 생산되어야 하는데 이를 도와주기 위해 챗GPT를 API로 연결하여 활용한다. 챗GPT에게 "지구온난화에 대한 주제로 초등 5학년 수준의 지문을 만들어 줘. 각 문장은 17개 단어 이하로 해 주고 지문은 적어도 9개 문장 이상으로, 130개 단어 정도로 해 줘."라고 요청하면 바로 지문이 만들어진다. 핵심은 프롬프트 설계다. 선생님들이 항상 출제하는 문제의 형식을 정의하고 누구나 쉽게 문제 출제를 할 수 있도록 만드는 프롬프트 설계에 6개월이라는 시간을 쏟았다. 5백 명이 고민하면서 한 문제씩 만들던 고통의 시간이 혁신적으로 개선된 것이다. 단지 시간만 줄어드는 것이 아니라 챗GPT로 생산된 문제들에 대한 학생들 평가 결과를 모아서 분석하면 어떤 학생에게 어떤 문제를 내야 하고 어떻게 학습시켜야 하는지 개인화까지 할 수 있다.

최선어학원은 전통적인 학원 테스트 방식을 혁신하기 위해 '자몽JAMONG'이라는 AI 영어시험서비스를 만들었고, 이를 활용해 레벨 테스트를 한다. 어휘, 읽기, 듣기, 문법으로 되어 있는 각각의 시험 문제와 보기가 무엇에 관련된 내용인지 모두 태깅했고 문제를 풀 때마다 학생 수준에 따라 출제 난이도가 자동으로 조정되도록 했다. 수만 명의 학생이 시험을 보면서 쌓아 주는 결과 데이터를 챗GPT와 연동해 다시 분석하면 상상하지 못한 디테일한 수준까지 학생들의 영어 실력을 파악할 수 있고, 개인화된 학습을 제공할 수 있을 것이다.

④ 고객 경험 향상을 고민하는 풀무원

풀무원은 오랫동안 몇 번에 걸쳐 데이터 분석 프로젝트를 진행한 경험이 있다. 풀무원에 디자인밀이라는 맞춤형 구독식단을 판매하는 온라인몰이 있는데 영유아 맞춤식, 칼로리·영양균형식, 당뇨·암케어 식단 등을 제공한다. 사실 이렇게 민감한 케어식 사업을 하기 위해서는 일반 식품을 판매하는 것보다 훨씬 더 많은 연구, 제품 생산, 고객 응대에 대한 노력이 발생한다.

풀무원이 생성형 AI를 통해 가장 먼저 시도하는 것은 디자인밀 온라인에 접속한 고객들의 요청에 더 빠르고, 편하고, 정확한 답변을 제공하는 서비스 영역이다. 이때 가장 많은 CS 유형인 배송 일정 변경 요청은 시니어 고객도 편리하게 사용할 수 있어야 한다. 또 "돼지감자가 당뇨에 좋은가요?" 같은 건강 관련 질문에도 리스크가 없는 적절한 답변을 할 수 있도록 설계해야 한다. 프롬프트가 정확히 입력되지 않은 고객의 질문에 생성형 AI가 검증되지 못한 답변을 하거나 정확한 프롬프트를 만들어 내기 위해 고객에게 여러번 질문한다면, 고객 편의성하고는 멀어진다.

디자인밀 사업을 총괄하는 남정민 상무의 다음 얘기가 현실적인 고민을 들여다볼 수 있다. "서비스 영역에 생성형 AI를 접목할 때 확실히 서비스의 운영조직(고객센터 등)과 회사는 행복해질 수 있습니다. 더 어려운 것은 생성형 AI를 통해 고객이 실제로 더 나은 서비스를 경험하게 만드는 것입니다. 이는 AI 전문가나 IT 조직보다 서비스대상 조직에서 생성형 AI에 대해 더 많이 고민해야 하는 이유일 것입니다." 이러한 이유로, 풀무원은 고객 경험 만족도를 높이기 위해 디테일한 프롬프트 설계, 룰베이스 보완, 자체 AI 구축 등 다각도로 접근 방향을 검토하면서 준비 중이다.

⑤ 오픈 이노베이션에 진심인 GS그룹

GS타워 25층에는 52g 5pen 2nnovation GS라는 혁신조직이 자리하고 있다. 52g는 GS그룹의 디지털 전환을 위해 각 계열사의 묵혀 있던 고민을 새로운 시각과 새로운 방식으로 해결하는 일을 담당하고 있다. 52g는 멤버를 구성할 때부터 자발적으로 이 일을 하고자 하는 사람을 모았다. 이들은 보여 주기식으로 거창하고 대단한 것부터 시작하기보다 쉽고 작은 것부터 시도하는 방식으로 디지털에 익숙하지 않은 사람들의 마음까지 사로잡고 있다.

한 사례로 디지털에 거부감을 가진 직원들을 설득하는 과정을 들수 있다. GS 내부에서 사용하고 있는 협업툴 노션Notion을 건설 현장에서 일하고 있는 작업자들까지 사용하게 하려면 어떻게 해야 하는가에 대한 고민이 있었다. 아무리 장점을 설명해도 디지털에 거부감이 있는 직원들을 설득하기 어려웠는데, 노션을 통해서만 점심 식사를 주문받는 아이디어를 내서 한번에 해결하기도 했다. 더 놀라운 것은 디지털을 두려워 하던 사람들도 "이젠 나도 노션을 사용할 줄 안다."라고 하면서 좋아하는 광경이 펼쳐졌다는 점이다. 현재 52g에는 각 계열사의 직원들도 같이 파견되어 생성형 AI 도입을 포함한 혁신 과제를 해결하는 TF가 진행되고 있다.

GS그룹은 오픈 이노베이션을 위해 오랫동안 스타트업 발굴, 투자, 협업을 진행했다. 1조가 넘는 금액을 국내외 스타트업에 투자했고 이들과 함께 계열사들이 서로 협력하고 새로운 비즈니스를 창출하는 목표를 가지고 있다. 신임 임원 교육과정도 DX Digital Transformation를 중심으로 구성하고 조직 임원이 직접 와서 오픈 이노베이션과 디지털 전환을 다시 강조할 만큼 적극적으로 변화를 추진하고 있다.

⑥ 사용자 업무 효율성을 극대화하는 MS Copilot(Beta Ver.)

베타 버전으로 공개된 코파일럿은 MS오피스365를 구독한 사람들이 사용하도록 GPT-4를 결합한 AI 비서다. 워드, 파워포인트, 엑셀, 아웃룩, 팀즈, 파워 플랫폼 등에 챗봇 형태로 나타나 간단한 명령어를 입력하는 것만으로도 몇 초 안에 원하는 작업을 수행한다. 엑셀 오른

쪽에 'Copilot'이라는 영역이 존재하는데 챗GPT를 사용하는 것처럼 텍스트로 요청만 하면 작업이 수행된다. 예를 들어 숫자가 가득한 엑셀이 있다면 "높은 숫자를 색으로 표시해 줘."라는 명령어에 따라 엑셀 셀들의 색깔이 변경된다. 그래프를 그려 달라고 하면 숫자들을 이해하고 가장 적절한 그래프를 그려 준다. 그래프를 해석해 달라고 하면 설명해 준다. 엑셀의 결괏값을 바탕으로 상관관계를 정리하거나 새로운 수식을 제안하는 등 인사이트를 제공하는 역할까지 함으로써 업무 효율성을 극대화한다. 글을 쓰고 파워포인트 문서 10장으로 만들어 달라고 하면 그럴듯한 디자인을 포함해 바로 작성된다.

코파일럿의 핵심은 파워포인트, 엑셀, 워드, 일정, 팀즈 채팅, 파워 BI 하나하나에 챗GPT가 붙는 것을 넘어 이들 모두가 동시에 같이 사용된다는 점이다. 우리는 워드로 작업한 시장조사 내용을 파워포인트로 만들고 싶고 이를 사장님에게 보고하기 위해 일정을 잡고 싶기도 하다. 이런 경우 하나씩 작업을 수행하는 것이 아니라 모든 것을 한꺼번에 수행할 수 있다. 텍스트로 진행하는 업무만 할 수 있는 것이 아니라 그래프를 그리고 이미지를 생성하는 멀티 모달 작업이 한꺼번에 가능하다는 것이 진정한 가치로 느껴질 것이다. 어떻게 이러한 기술을 잘 사용하여 업무 생산성을 올릴 것인지 다시 아이디어 싸움이 시작됐다.

⑦ 2분 만에 완성하는 원터치 회사 소개 영상, Waymark

영상 광고를 만드는 플랫폼 웨이마크에서는 챗GPT의 스크립트 작성 기능을 연동하여 약 2분 만에 광고 영상을 만들어 내는 기능을 선보였다. 영상을 만드는 것이 다양한 앱을 통해 많이 보편화되기는 했지만 여전히 전문적인 기술이 필요하다고 느껴지는 부분이 있는데, 영상을 만드는 과정을 자동화하여 각 기업이나 브랜드가 시간과 비용 부담을 크게 줄이면서 쉽게 영상을 제작하도록 하고 있다.

> 2 <

문제 해결의 핵심,
챗GPT 플러그인

많은 기업에서 챗GPT를 비롯한 생성형 AI를 활용하여 혁신적인 변화를 꾀할 수 있는 다양한 방안을 시도하고 있다. 다만 현실적으로는 이런 미래를 낙관할 수만은 없는 2가지 큰 문제가 있다. 첫째는 챗GPT가 엉뚱한 대답을 할 확률이 높다는 것이고, 둘째는 입력한 데이터가 오픈AI 서버로 넘어가기 때문에 자료 유출이 우려된다는 점이다. 그런데 이러한 문제를 해결하기 위한 좋은 방법이 바로 '챗GPT 플러그인Plug-in' 기능을 활용하는 것이다. 참고로 플러그인은 전기 코드를 뺐다 꽂았다 하는 것처럼 프로그램에 기능을 추가하기 위한 부가적인 프로그램이나 모듈을 연결하는 것을 말한다.

오픈AI는 2023년 5월 15일(현지 시각) 블로그를 통해 챗GPT 플러스 유료 가입자를 대상으로 추가 서비스를 오픈한다고 발표했다. 크게 3가지 새로운 기능이 추가됐는데 웹브라우징Web Browsing과 써드파티 플러그인**Third Party Plugins**, 그리고 코드 인터프리터**Code Interpreter** 다. 참고로 5월 15일은 구글의 바드가 출시된 날이기도 하다. 우연이라기 보다는 경쟁 서비스의 오픈 일에 맞춰 챗GPT의 생태계를 확장하는 서비스를 오픈하는 전략이라고 볼 수 있다.

챗GPT 플러그인은 오픈AI가 개발한 GPT-3.5 기반의 언어 모델 인 챗GPT를 제3자 서비스나 애플리케이션에 통합할 수 있는 기능을 제공하는 도구다. 이를 통해 기업은 자체 제품이나 서비스에 자연어 이해, 대화 인터페이스, 질의응답 기능 등을 추가할 수 있다. 아직까지 는 이 액세스 권한을 모든 기업에게 제공하지는 않았고, 신청하면 오 픈 AI에서 판단하여 사용 승인을 하는 절차를 거치게 된다. 당연히 오 픈AI 측에서는 비즈니스나 마케팅적으로 도움이 되는 기업을 우선 선 택하게 될 것이다.

기업에서 사용할 수 있는 챗GPT의 플러그인 기능

✕

① Web Browsing - 인터넷에 접속하여 최신 정보를 찾는 기능

웹브라우징은 챗GPT-4에서 설정**Setting** 항목을 활성화하면 사 용할 수 있는데, 입력한 질문에 따라 MS 검색 엔진 빙을 이용해 최 신 인터넷 검색 결과를 받을 수 있다. 챗GPT의 가장 치명적인 단점 인 2021년 9월 이전의 데이터만 제공된다는 점을 보완하는 기능이라 고 생각하면 된다. 다만 구글 바드가 실시간 데이터를 제공한다는 차 별화된 장점이 있기 때문에 오픈AI도 바드 출시일에 맞춰서 웹브라우징 기능을 급박하게 출시한 듯하다. 결국 오픈AI는 2023년 7월 3일에 오류를 원인으로 들며 수정이 완료될 때까지 웹브라우징 기능을 잠정 중단한다고 공지했다. 여러 가지 문제가 있겠지만 근본적으로는 실시간 검색에 따른 민감한 데이터 관련 보안 문제가 발생할 수 있다는 점도 부담이었을 것으로 생각된다. 향후 웹브라우징은 문제를 해결하고 무료로 사용하는 모든 챗GPT 사용자에게도 공개할 것으로 보인다.

우리가 챗GPT를 사용하다 보면 좋은 답변을 받지만, 이것이 진짜인지 의심되는 경우가 많다. 웹브라우징은 MS의 빙 검색 API를 활용하여 웹에서 최신 콘텐츠를 찾기 때문에 정보의 출처를 같이 제공한다. 추가로, MS의 '안전모드'를 활용하여 유해성과 같은 문제가 있는 콘텐츠를 사전에 차단할 수도 있다. 예를 들어, 2023년 올해의 오스카상을 수상한 사람을 챗GPT에 물어보면 정확한 답변을 하지 못하지만 웹브라우징 플러그인을 활용하면 최신 정보와 CNN이라는 출처를 함께 얻을 수 있다. 챗GPT와 같은 언어 모델로 인터넷의 정보를 읽게 허용하여, 현재까지 학습한 내용을 넘어 새로운 정보까지 사용자가 경험할 수 있는 콘텐츠의 양을 확장하는 것이다.

② Third Party Plugin - 챗GPT에 다른 회사 앱 서비스를 연동하는 것

챗GPT는 답변만 제공하지 실제 결제를 하거나 예약을 하는 결과로 연결되지 않는다. 써드파티 플러그인을 통하면 가능하다. 이런 이유로 써드파티 플러그인은 사실상 가장 큰 관심을 모으고 있는 영역이라고 할 수 있다. 애플의 앱스토어, 구글의 플레이스토어 같은 플랫폼이 또 하나 생기는 것이다. 이는 챗GPT의 기본 기능을 확장하거나 추가 기능을 제공할 수 있는 타사 서비스를 결합한 것으로, 사용자는 챗GPT를 통해 더욱 다양한 기능을 이용할 수 있다.

지금까지는 항공권이나 호텔을 예약하기 위해서 익스피디아에 접속해 내가 원하는 날짜나 조건을 설정하고 검색해야 했다면, 이제는 챗GPT에게 명령만 하면 되는 것이다. 오픈AI는 2023년 3월 23일 챗GPT 플러그인 테스트 버전 '알파'를 출시하면서 일부 신청자를 대상으로 베타테스트를 진행했다. 2023년 5월에는 익스피디아, 쇼피파이, 인스타카트, 카약, 재피어 등 11개의 서비스를 오픈했는데 7월 초 기준 619개의 서비스로 빠르게 숫자가 늘고 있다. 챗GPT와 연동되는 비즈니스 생태계가 폭발적으로 확산되고 있는 것이다.

특히 써드파티 플러그인에서 정말 주목할 만한 기능이 있다. 공개된 각각의 서비스들을 한 번에 묶어서 사용할 수도 있다는 점이다. 오픈AI는 써드파티 플러그인을 어떻게 손쉽게 활용할 수 있는지 시연 영상을 통해 공개했다.

주말에 샌프란시스코에 갈 예정이라고 하자. 먼저 챗GPT의 플러그인 설정에서 내가 사용할 서비스를 선택한다. 항공과 호텔 예약을 위한 익스피디아, 맛집 추천을 위한 오픈테이블, 식료품 전자상거래 플랫폼인 인스타카트, 공학 계산기 사이트 울프램 알파 플러그인 등을 선택할 수 있을 것이다. 참고로 플러그인 서비스는 언제든 설치하거나 삭제할 수 있다. 먼저 원하는 일정과 숙소 조건을 말하면 챗GPT가 알아서 익스피디아에서 최적의 결과물을 찾는다. 나는 링크를 눌러서 결제만 하면 된다. 근처의 비건 푸드 레스토랑에 가고 싶다고 하면 챗GPT가 오픈테이블로 식당을 찾아 주고 메뉴도 알려 준다. 예약을 바로 해도 좋지만, 음식을 보니 직접 만들 수도 있을 것 같다. 챗GPT는 음식에 사용된 재료를 알려 주고, 바로 인스타카트 장바구니에 담아 준다. 이 역시 링크를 클릭해 결제만 하면 된다. 울프램알파와 연동하여 이 음식의 칼로리도 바로 알 수 있다. 항공과 호텔 예약, 레스토랑 예약, 마켓 등의 다양한 서비스를 각각의 웹사이트를 거치지 않고 직접 액세스할 수 있는 세상이 열리는 것이다. 그렇게 되면 우리는 앞으로 챗GPT를 보조적으로 이용하는 것이 아니라 지금보다 훨씬 많은 시간을 챗GPT에서 보내게 될 것이다.

써드파티 플러그인은 결국 수많은 기업들이 챗GPT의 능력을 활용하여 자신의 서비스를 더 확장하고 판매할 기회가 생긴다는 것을 의미하기도 한다. 현재 챗GPT 플러그인에 연동된 기업은 빠르게 늘어나고 있고, 추후 더 많은 국내 스타트업도 입점할 것이라는 관측도 나오고 있다. 챗GPT라는 채널을 통해 얼마나 많은 사용자가 자사 서비스에 유입되고, 지갑을 열 수 있도록 하는지가 경쟁력을 갖추는 방법이 될 것이다.

> 3 <

콘텐츠 제작 0원 시대가 온다

챗GPT를 직접 활용하고 기능을 확장하는 다양한 서비스가 꾸준히 등장하는 한편, 엄밀히 말해 챗GPT와 직접 연동하지는 않지만 이를 보완하며 사용할 수 있는 서비스들도 있다. 챗GPT는 텍스트로만 답변을 주지만 여기에 시각화 툴을 붙여 비디오, 이미지, 음성, 아바타 등의 새로운 콘텐츠를 만들 수 있도록 한 것이다.

콘텐츠를 더 적은 비용으로 더 쉽게 제작할 수 있다는 것은 향후 챗GPT의 활용 가능성에 있어 매우 중요한 의미가 있다. 기업뿐 아니라 1인 미디어 채널이 범람하는 요즘 시대에 콘텐츠의 중요성은 아무리 강조해도 과하지 않다. 앞으로 약 2년 후에는 콘텐츠의 90%를 생성형 AI가 제작할 것이라는 전망도 나오고 있다. 이제 콘텐츠를 만들기 위한 전문적인 기술이 필요하지 않고, 그저 AI를 잘 다루기만 해도 순식간에 콘텐츠를 완성하고 배포할 수 있게 된다는 것이다.

이전에는 하나의 영상을 만들기 위해서 30일의 시간과 감독, 배우, 스태프의 인력과 각종 기술이 필요했다면 이제 그 과정이 30분, 아니 30초까지 줄어들 수도 있다. 만들고자 하는 스토리를 프롬프트로 설계하기만 하면 생성형 AI를 통해 사진과 영상을 만들고 심지어 업로드까지 자동화할 수 있기 때문이다. 챗GPT를 보완하여 이러한 시스템을 가능하게 하는 몇 가지 주목받는 서비스를 소개한다.

① Midjourney

생성형 AI 기술로 만든 이미지를 예술의 경지로 올렸다는 평가를 받고 있다. 미드저니에 접속해서 프롬프트 창에 원하는 이미지를 설명하면 해당하는 결과가 생성되고 해상도와 선명도 등을 조정하여 사용할 수 있다. 여기서 핵심은 원하는 이미지를 텍스트로 잘 설명하는 것인데 챗GPT 프롬프트 공유 사이트에 가보면 이미 많은 것이 만들어져 있다. 참고로 미드저니는 영어로 프롬프트를 입력해야 좋은 결과를 얻을 수 있다. 많은 유튜버들이 미드저니로 자신의 얼굴을 실제보다 멋지게 만들어 사용 중이다.

② DALL-E

오픈AI의 그림을 만드는 이미지 생성형 AI다. 챗GPT는 텍스트로 응답하지만, 달리는 이미지 생성 기능을 제공하기 때문에 이를 연계하여 내 요청에 따라 이미지를 조합한 답변을 받아볼 수 있다. 예를 들어서 내가 가지고 있는 이미지를 흑백으로 만들어 달라고 챗GPT에게 전달한다면, 챗GPT는 달리를 사용하여 이미지를 흑백으로 변환해 사용자에게 응답하는 방식이다.

③ BING IMAGE CREATOR

텍스트를 기반으로 AI 이미지를 생성해 주는 서비스다. MS에 따르면 달리보다 고급 버전을 사용한다고 설명하며, '형용사+명사+동사+그림 스타일'의 자세한 프롬프트를 적용하는 것을 권장하고 있다. 사용자가 텍스트로 이미지를 요청했을 때 이에 맞는 이미지를 검색하거나 생성해 주는데, 이를 챗GPT의 응답에 첨부해서 받을 수 있다.

④ VREW

브루는 이미지나 영상을 생성해 주는 서비스로, 저작권 없이 사용할 수 있는 무료 콘텐츠를 만들어 준다. 따라서 스크립트만 있으면 그에 걸맞은 이미지나 영상을 자유롭게 제작할 수 있다. 예를 들어 "데이터를 활용해서 업무하는 역동적인 이미지"라고 챗GPT에게 말하면 그 이미지를 텍스트로 설명하고, 그걸 브루에 붙여 주면 어울리는 이미지를 뽑아 주는 것이다. 브루는 이미지뿐 아니라 영상을 제작하기에 편리한 기능을 가졌고, AI 목소리를 제공하기 때문에 누구나 쉽게 영상을 제작할 수 있다.

1. 챗GPT로 대본을 작성한다. 3장에서 언급한 'G.S.T.A.R'를 활용해서 구체적으로 설명하고, 관련된 링크나 기사를 제공해 주면 더 좋은 스크립트를 만들어 줄 것이다. 마음에 들지 않는다면 수정 요청을 하자.

   ex) "포스코 기업 소개 영상을 만들어서 유튜브에 올리려고 해. 이건 기업 소개 기사고, 우리 타깃은 2030세대야. 1분 길이의 스크립트를 만들어 줘."

2. 검수 후 스크립트를 브루에 붙여넣는다. 브루에서 이 스크립트를 문단 단위로 끊어 자동으로 정리해 준다.

3. 영상, 이미지, 배경 음악을 삽입한다. 문단 단위마다 브루에서 선택할 수 있는 영상을 제공하는데, 저작권 없는 무료 영상이다. 원하는 걸 선택하면 문단마다 영상이 삽입된다.

4. AI 목소리를 설정한다. 원하는 목소리를 고르면 해당 목소리가 스크립트를 읽어 준다.

5. 완성된 영상을 배포한다. 영상 전문가가 아니라도, 영상 프로그램을 전혀 다룰 줄 몰라도 누구나 쉽게 만들 수 있다.

Chapter 6

비즈니스의 경쟁력을 키우는 챗GPT 활용 전략

>1<

비즈니스에 챗GPT를
접목할 수 있을까

챗GPT를 계속 활용하다 보면 회사 내부 데이터에 연결해서 사용하면 편리할 것 같다는 생각이 절로 들 것이다. 특히 크게 도움이 될 만한 분야가 콜센터를 포함한 서비스 영역이다. 콜센터를 운영하다 보면 유독 문의가 몰리는 바쁜 시기가 있다. 예를 들어 에어컨을 판매한다면 여름철에만 문의 전화가 급증할 것이다. 그런데 이때를 기준으로 사람을 채용하면 평상시에는 일이 없는데 불필요한 임금을 지불하게 된다. 그래서 챗봇이 가장 먼저 도입된 영역이 바로 콜센터다.

그러나 기존 콜센터의 챗봇은 '인공지능'이라는 이름은 붙어 있지만 대화를 사람처럼 할 수 있는 것은 아니고, 대부분 시나리오 베이스로 질의응답이 짜여 있다. 이 한계를 극복할 수 있는 방법이 바로 챗GPT다. 챗GPT에게 콜센터 내부에 있는 자료들을 학습시키고, 고객의 문의가 들어왔을 때 모든 것을 알고 있는 챗GPT가 사람처럼 자연스럽게 대답한다면 어떨까. 이 기술은 챗GPT API를 활용하면 실제로 가능해진다.

API는 챗GPT를 외부로 가져와서 사용할 수 있는 인터페이스다. 오픈AI에서는 23년 3월 1일에 챗GPT API를 공개하며 작년 9월에 출시한 음성-텍스트 변환 모델인 위스퍼Whisper의 API도 함께 공개했다. 우선 API의 개념을 이해하기 위해서 흔히들 레스토랑의 비유를 사용한다. 손님이 주문하면 웨이터가 그 내용을 주방에 전달한다. 주방에서 만들어진 음식은 다시 웨이터가 손님에게 서빙할 것이다. 이때 웨이터의 역할이 바로 API다. API는 클라이언트가 요청한 내용을 서버에 전달하고, 서버의 결괏값을 다시 클라이언트에게 전달하는 역할을 한다. 이때 레스토랑의 손님은 주방에서 어떤 과정으로 음식을 만드는지 구체적인 레시피까지 알 필요가 없다. 그걸 몰라도 음식을 먹는 데에는 아무 지장이 없는 것처럼, API를 통해 해당 기능을 그저 갖다 사용하기만 하면 된다. 설령 개발자가 아니더라도 API를 통해서 챗GPT의 기능에 쉽게 접근하고 비즈니스에 활용할 수 있는 것이다. 내가 챗GPT를 개발하지 않아도 얼마든지 응용하여 사용할 수 있다.

이를 통해 각 기업뿐 아니라 이제 누구나 자신의 사업이나 서비스에 챗GPT의 기술을 이용하여 앱을 개발하거나 기존 서비스에 통합하여 사용할 수 있게 됐다. 챗GPT의 API를 사용하기 위해서는 물론 비용을 지불해야 하지만, 기존 서비스에 이를 연동하여 서비스를 고도화하거나 새로운 서비스를 개발할 수 있기 때문에 관련 시장은 앞으로도 꾸준히 확장되어 갈 것으로 보인다. 현재로서는 챗봇이나 AI 비서 등의 서비스에서 고객과의 상호작용을 강화하는 용도로 많이 활용되고 있다. 그 외에도 개인 맞춤형 제품이나 서비스를 추천하거나 기획과 개발 등의 영역에서도 챗GPT의 API를 활용할 수 있을 것이다.

즉 단순히 챗GPT의 표면적인 사용에 그치는 것이 아니라 이를 활용한 파생 서비스와 비즈니스 모델을 고민해야 하는 단계다. 이미 존재하는 기술을 어떤 형태로 밀접하게 사용하여 비즈니스 모델을 구현할 것인지에 대한 아이디어가 앞으로 혁신적인 기회와 가능성을 열어 줄 수 있다.

챗GPT API를 연동한 비즈니스 사례

><

챗GPT의 API를 활용한 좋은 사례 중 하나는 2016년에 샌프란시스코에 설립된 인공지능 기반의 마케팅 플랫폼 회사인 '유마Yuma'다. 유마에서는 최근 챗GPT의 API를 활용하여 고객센터 시스템과 결합해 고객 응답 초안을 자동으로 작성해 주는 유마.aiYuma.ai를 오픈했다.

유마.ai는 챗GPT를 활용해 놀라운 기능들을 선보였다. 우선 AI를 통한 자동응답 기능이 있다. 고객 문의가 들어오자마자 유마.ai가 문의를 분석하고 고객에게 가장 적합한 응답 초안을 작성한다. 유마.ai의 답변이 맘에 드는 경우 바로 고객 채팅창으로 보낼 수 있다. 이것이 가능한 이유는 브랜드에 맞는 전체 지식 기반을 학습하여 구축하고, 온라인 상점 지원 플랫폼인 쇼피파이 제품 및 페이지에서 자동으로 정보를 검색하기 때문이다. 즉 비즈니스에 대한 철저한 데이터 학습이 있어야만 효과적일 수 있는 시스템이다. 고객이 새로운 문의를 하면 유마는 제품의 실시간 가격과 판매 가능 여부 그리고 제품 이미지도 검색한다. 이 검색 과정들이 실시간으로 진행되고, 답변까지 바로 작성되어 채팅창에 업로드되기 때문에 상담원은 내용을 확인하고 버튼만 누르면 된다.

상담사가 자신이 원하는 답변을 작성해서 보낼 수도 있다. 이 기능도 상담원을 위해 챗GPT 프롬프트 설계를 간편하게 할 수 있는 창을 제공한다. 상담사는 답변을 간단하게 적기만 하면 된다. 그다음에는 답변을 간단하게 할 것인지 길게 할 것인지, 그리고 친절한 말투로 할 것인지 전문가다운 말투로 할 것인지도 선택할 수 있다. 재밌는 점은 콜센터 특성에 맞춰 사과하는 말투도 선택할 수 있다는 것이다. 예를 들어 고객이 제품 교환을 요청했을 때 상담사는 다음과 같이 간단한 답변만 적으면 된다.

> "죄송합니다. 제품 사진을 전송해 주시면 교체품을 보내 드리겠습니다. (Sorry to hear this. Can you send us a picture and we will send a replacement.)"

이후 간결한Succinct 길이와 친절하고 전문성 있는Friendly and Professional 말투로 대답해 달라고 선택하면 AI가 3초 이내에 답변을 작성한다. 올바른 어조와 완벽한 영어로 브랜드에 맞게 작성된다. 답변이 마음에 들면 바로 이메일로 고객에게 전송하면 된다. 고객 응대를 위해 자료를 찾고 답변을 작성하는 시간을 획기적으로 줄여 주기 때문에 상담원에게 마치 초능력을 부여하는 것과 같은 강력한 능력이 된다.

```
Suggested response:
Hi,
I'm sorry to hear that your machine was damaged in the package. We
understand how frustrating this can be and we want to help you get a
replacement as soon as possible.
Can you please send us a picture of the damage so we can arrange a
replacement for you? We would greatly appreciate it.

Thank you for your patience an understanding.

Best,
Gorgias Bot
```

× **Yuma.ai가 챗GPT를 API로 연동하여 완벽한 답변글을 생성한 결과물**

유마.ai가 챗GPT를 활용해서 설계한 콜센터 시스템 구조를 살펴보면 그 외에도 추가적으로 배울 점이 많다. 대부분의 기능이 챗GPT에서 기본으로 제공하는 AI 기술을 활용해서 서비스를 구현한 것이기 때문에 콜센터의 혁신을 계획하는 회사에서도 참고하면 좋을 것이다.

① 사용자 맞춤형 작문(Writing Style Customization)

유마.ai는 과거 문의 및 답변 내용에서 작문 스타일을 배운다. 이후 해당 스타일을 사용하여 응답 초안을 작성한다. 이렇게 하면 모든 응답이 올바른 어조와 완벽한 언어로 브랜드에 맞게 작성된다.

② 대화 요약(Conversation Thread Summarization)

버튼만 클릭하면 고객과의 전체 대화에 대한 요약을 즉시 얻을 수 있다. 대화 중 핵심적인 내용을 AI가 이해하고 요약하기 때문에 활용하기에 좋다. 고객별로 저장해서 다음에 문의가 왔을 때 상담사가 빠르게 과거 내용을 파악할 수도 있고 업무를 보고하거나 인수인계할 때도 유용하게 활용할 수 있다.

③ 사용자 지정 기술 자료(Custom Knowledge Base)

유마.ai는 비즈니스에 대한 철저한 이해가 있어야만 그 기능을 백분 펼쳐 보일 수 있다. 유마.ai를 콜센터에 설치하면 브랜드에 맞는 전체 지식 기반을 자동으로 구축한다. 이를 통해 비즈니스 요구사항에 맞는 정확하고 개인화된 응답을 제공할 수 있다.

④ 다국어 및 자동 번역

유마.ai는 15개 언어를 구사하며, 고객이 사용한 언어로 응답을 조정하고 초안을 작성한다.

⑤ 플랫폼 연동(Platform Integration)

콜센터 시스템 중에서 많이 사용되는 젠데스크Zendesk 등과 연동하여 데이터를 받아올 수 있다. 전 세계 175만 개 온라인 상점 지원 플랫폼인 쇼피파이와 연동을 통해 실시간 제품 및 판매 정보를 가져오는 것도 가능하다.

챗GPT API 활용 방법

✕

기업들은 오픈AI의 챗봇 기능을 회사 내 프로그램에 연결해 사용할 수 있다. 챗GPT의 API 사용법은 간단하며, 다음 절차를 따라 진행하면 된다. 지금부터 서술된 설명은 챗GPT가 직접 작성한 내용이다. 프롬프트 창에서 "챗GPT API 활용 방법에 대해 설명해 줘."라고 하자 기본적인 활용 방법에 대한 개요를 작성해 줬다. 내용은 좋은데 조금 어렵게 작성되어 있어서 "아래 내용을 중학생도 이해할 수 있는 수준의 쉬운 말로 바꿔 줘. 말투는 '해요'체가 아니라 '하다'체로 끝내 줘." 라고 다시 주문하자 이해하기 편한 결과를 얻었다. 확실히 정보를 찾고 일목요연하게 정리하는 일은 챗GPT의 특기 중 하나다.

1. API 호출

오픈AI 웹사이트에 들어가서 로그인한 다음 'API 만들기' 버튼을 누르면, 필요한 API 키를 받을 수가 있다. 이 API 키는 일종의 비밀번호 같은 건데, 이걸 가지고 있어야 우리가 원하는 챗봇 기능을 이용할 수 있다.

2. 메시지 구성

우리가 봇에게 원하는 대화 내용을 '메시지'로 만들어야 한다. 각 메시지에는 누가 말하는 건지를 나타내는 'Role'과 뭐라고 말하는 건지를 나타내는 'Content'라는 2가지 요소가 필요하다.

3. 대화 시작

보통 대화는 'System'이라고 하는 메시지로 시작하는데, 이 메시지는 이후 봇이 어떻게 말을 해야 할지를 알려 주는 역할을 한다. 예를 들어, 'System' 메시지가 "너는 친절한 점원이야."라고 하면, 봇은 이후 대화에서 친절한 점원처럼 행동하게 된다.

4. 사용자 입력 처리

그다음엔 사용자가 뭘 원하는지를 봇에게 알려 주는 것인데, 이건 'User'라는 역할의 메시지로 만들어 준다.

5. 응답 생성

만든 대화 내용을 API 키와 함께 오픈AI에게 보내면, 오픈AI는 챗봇 기능을 수행한 후 그 결과를 다시 우리에게 보낸다. 우리는 이 결과를 가지고 사용자에게 대답을 주거나, 다른 일을 할 수 있다.

6. 옵션 추가

그리고 'Temperature'나 'Max Tokens'라는 옵션을 이용해 봇이 얼마나 자유롭게 말을 할지, 얼마나 많은 양의 말을 할지 등을 조정할 수도 있다.

위 내용을 종합해서 다시 설명하면 오픈AI 홈페이지에서 API 비밀번호를 받아서 나만의 챗봇을 만드는 것이다. 프롬프트 설계를 할 때 G.S.T.A.R를 고려해서 구성하는 것처럼 뭘 원하는지, 챗봇과 사용자는 어떤 역할인지, 어떤 톤으로 얘기해야 하는지 등을 설정할 수 있다. 이것을 활용해 영어 공부 챗봇, 기사 작성 챗봇도 만들 수 있다. 챗GPT가 가지고 있는 기본적인 능력만 활용해도 기업 내에서 사용할 수 있는 훌륭한 챗봇 서비스를 만들 수 있다.

토큰 및 비용 관리

><

오픈AI는 과연 어떻게 돈을 벌까? 가장 큰 사업 모델은 챗GPT API를 사용하는 만큼 비용을 지불하게 만들어 돈을 번다. 이는 텍스트를 토큰Token이라는 작은 단위로 쪼개서 계산하는데, 토큰은 자연어 처리에서 텍스트의 가장 작은 기본 단위를 나타낸다. 보통 사용되는 GPT3.5 모델은 1천 개의 토큰을 사용할 때마다 0.002달러를 내야 한다.

토큰의 비용은 언어마다 차이가 있다. 영어는 의미를 나눌 때 띄어쓰기를 기준으로 나누는데, 단어 4개 정도를 처리하는 데 1개의 토큰을 사용한다. 한글은 조사와 어미가 단어에 붙어 있어 띄어쓰기 단위로 의미를 나눌 수가 없고 음절 단위로 토큰을 나눈다. 따라서 한국어는 음절마다 2~3토큰을 사용한다. 대략 영어 7토큰은 한국어 36토큰과 같다고 생각하면 된다. 결국 API를 한국어로 사용할 때 영어보다 2.5배~5배 정도 비싸기 때문에 향후 기업에서 한국어로 된 자료들을 학습시키려고 하면 영어보다 훨씬 큰 비용을 지불해야 한다. 챗GPT API를 활용해 챗봇을 만들었다고 가정해 보자. 질문을 할 때도 토큰 비용이 청구되고, 대답을 들을 때도 토큰 비용이 청구되는 것이다. 여기서도 프롬프트 설계를 잘해서 대화를 간결하게 끝낼수록 비용을 아낄 수 있다. 본격적으로 생성형 AI의 싸움이 중요해지면 저렴한 토큰 가격이 국가별 큰 경쟁력으로 작용할 것이다. 따라서 이 토큰의 가격을 낮추는 기술 개발이 주 쟁점이 될 것이다.

오픈AI 웹사이트 토크나이저*에 가면 언어별 토큰을 계산할 수 있다.

---

*   https://platform.openai.com/tokenizer

2

챗GPT 성능 개선을 위한 '파인튜닝(Fine-Tuning)'

파인튜닝이라는 말은 사전 학습된 모델을 더 잘할 수 있게 다듬는다는 뜻이다. 이미 많은 것을 공부한 챗봇이지만 우리가 원하는 일을 더 잘하게 하려면 이 파인튜닝의 과정을 거쳐야 한다. 구체적인 단계는 아래와 같다.

1. 데이터 준비
챗봇이 우리가 원하는 일을 잘하게 하려면, 특정 도메인에 관련된 대화 내용들을 모아야 한다. 예를 들어, 과학에 관련된 대화를 잘하게 하려면 과학에 관련된 대화 내용들을 준비해야 한다.

2. 데이터 전처리
이 대화들을 챗봇이 이해할 수 있는 방식으로 바꿔야 한다. 대화는 '나와 너' 사이에 주고받는 말들의 연속인데, 이 말들을 누가 했는

지(역할), 그리고 그 말의 내용이 무엇인지(내용)를 챗봇에게 알려 줘야
한다.

3. 모델 학습

이제 준비된 대화들을 바탕으로 챗봇을 학습시킨다. 이 학습은
오픈AI의 API를 통해 할 수 있기 때문에 따로 어려운 코딩을 할 필요
는 없다.

4. 모델 테스트

학습이 끝난 후에는 챗봇이 잘 배웠는지 확인해야 한다. 새로운
대화 내용을 가지고 챗봇에게 물어보고, 그 답변이 잘 나오는지 보는
것이다. 이 테스트에서 문제가 있다면 다시 학습을 시켜서 더 잘하게
만든다.

5. 모델 배포

마지막으로, 테스트를 잘 통과한 챗봇을 실제로 사용할 수 있게
해 준다.

이런 방법으로 챗봇을 파인튜닝하면, 챗봇이 우리가 원하는 일을
더 잘하게 할 수 있고 특정 업계나 환경에 더욱 적합하게 동작하도록
만들 수 있다. 예를 들어 고객 서비스를 도와주거나 기술 지원하는 일,
인터넷에서 상담하는 일 등에서 챗봇을 더 긴밀하고 효율적으로 활용
할 수 있다.

Chapter 7

이제 상상력이
코딩하는 시대

> 1 <

사장님도 할 수 있는,
엑셀 매크로 자동 코딩(VBA)

우리가 매일 어떤 업무를 수행하는지 살펴보면 그중에 필수적으로 해야 하는 단순 반복 작업이 의외로 많다. 간단한 작업이라도 매일 일정 시간을 투자해야 하는데, 그걸 클릭 한 번으로 자동화할 수 있다면 시간이 더 필요한 일에 집중할 수 있을 것이다. 보통 업무적으로 대량의 데이터를 다루거나 데이터를 계산, 분석하는 등 읽기 쉽게 다루기 위해 가장 많이 사용하는 도구 중 하나가 엑셀이다.

엑셀에서는 VBA라는 프로그래밍 언어를 사용할 수 있다. VBA Visual Basic for Application 코드란 작업 자동화(매크로 작성)에 사용되는 컴퓨터 언어를 말한다. 단순하고 반복적인 작업을 자동으로 반복하게 만드는 매크로를 적용하면 작업을 일정 부분 자동화하여 업무 효율을 높일 수 있다. 하지만 매크로 자체는 반복하도록 기록된 동작만을 처리할 수 있는데, 이를 VBA로 조금만 수정하고 개발하면 훨씬 폭넓고 실용적으로 활용이 가능하다. 즉 VBA 코딩을 할 수 있다는 것은 엑셀을 사용하면서 내가 원하는 기능을 자유롭게 추가할 수 있다는 뜻이고, 그만큼 내가 사용하는 작업의 효율과 범위를 확장할 수 있다는 의미이기도 하다.

엑셀을 쓰면서 VBA 사용에 어려움을 느끼고 아예 쓰지 않는 사용자들도 많았을 것이다. 챗GPT의 코딩 능력으로 기업의 실무적인 영역을 크게 바꿔 놓을 만한 기능 중 하나를 꼽자면 바로 엑셀에서 VBA 코드를 쉽게 사용할 수 있다는 점이다. 챗GPT를 적용하면 VBA 코드를 직접 짤 필요가 없다. 그냥 이렇게 자연어로 말하면 된다.

"전체 셀 중에 오탈자가 포함된 셀은 배경을 빨간색으로 바꾸는 VBA 코드를 짜 줘."
"엑셀에서 A1 셀에 있는 회사 이름 데이터를 콤마로 구분해서 그 개수만큼 새로운 시트로 만들어주는 VBA 코드를 짜 줘."

챗GPT가 코드를 짜 주면 카피해서 엑셀 VBA 창에 '붙여넣기'를 한 뒤 실행Run을 시키면 된다. 내가 필요한 기능을 생각해서 명령만 하면 되는 것이다. 이제는 그게 바로 코딩이다. 이제 엑셀을 활용하기 위해 컴퓨터활용능력 자격증을 딸 필요도 없을 것이다. 요즘에는 초등학생도 코딩 학원에 다닌다고 하니, 진작 코딩을 배워 놓을걸 후회하는 직장인들도 적지 않다. 하지만 이제는 오히려 프롬프트를 잘 작성하는 문과적 상상력이 AI를 활용하고 코딩을 하는 데 더 도움이 될 수도 있다. 문과를 나왔다고 코딩을 못한다고 생각하는 시대는 끝난 것이다.

엑셀에서 VBA(Visual Basic for Application) 코드 사용하는 방법

① 개발 도구 탭 세팅

VBA를 사용하기 위해 개발 도구 탭이 필요하다. 엑셀 상단 메뉴에서 '개발 도구 탭'이 바로 보이지 않을 경우에는 다음과 같은 절차를 따르면 된다. (파일 → 옵션 → 리본 사용자 지정 → 개발 도구 체크)

② 챗GPT를 활용하여 원하는 코딩을 글로 요청 후 복사

ex) "전체 셀 중에 오탈자가 포함된 셀은 배경을 빨간색으로 바꾸는 VBA 코드를 짜 줘."

③ VisualBasic → 삽입 → 모듈 오픈

④ Module1에 복사한 코드 붙여넣기

⑤ 실행 버튼Run 클릭

지금은 1가지 명령어를 통해 코드를 작성하는 간단한 사례를 얘기했지만 엑셀에서 챗GPT를 활용하는 다양한 방법이 존재한다. 복권 번호 생성기를 만들 수도 있고, 이력서를 검토하여 질문을 뽑을 수도 있다. 회사 재무제표를 입력하면 분석을 하게 만들 수도 있으며, 챗봇을 엑셀 화면에 만들어 사용할 수도 있다.

챗GPT가 한 번에 원하는 코드를 완벽하게 짜기도 하지만 가끔 다음의 이유로 코드의 오류가 발생한다. 첫 번째는 우리가 만든 명령어(프롬프트)가 너무 난해하여 챗GPT가 잘 이해하지 못한 경우이다. 이때도 챗GPT는 결과는 제공하지만 뭔가 이상한 결과나 오류 메시지

가 나오게 된다. 명령어는 최대한 알아듣기 쉽게 작성하는 것이 좋다. 다른 경우는 그냥 챗GPT가 코드를 잘못 짜는 경우다. 종종 발생하는데 이때는 그냥 다시 짜 달라고 하면 바로 사과하고 작성한다. 몇 번씩 같은 질문을 하는 인내의 시간이 필요하지만 코딩을 배워서 스스로 짜는 것에 비하면 합리적인 선택이 아닐까.

> 2 <

파이썬 코딩의 끝판왕
코드 인터프리터

분석가들이 가장 많이 사용하는 프로그래밍 언어는 파이썬Python이다. 챗GPT-4에서 최근 실험적으로 오픈한 코드 인터프리터 베타 기능을 사용하면 파이썬을 사용한 데이터 분석과 시각화가 자동으로 이뤄진다. 처음 이 기능을 접한 사람들은 감탄과 허탈함을 동시에 느끼게 된다. 지금까지 파이썬 코딩을 배우기 위해 많은 노력을 기울였는데, 버튼 하나로 작동하는 모습을 보면서 만감이 교차하게 되는 것이다. 우리 회사의 파이썬 엔지니어에게 이 기능을 보여 줬을 때 보인 반응은 이랬다.

"대단하네요, 저 기능. 그냥 단순히 드는 생각은 저희가 하는 일을 대신할 수 있을 것 같아요. 마케터가 매일 엑셀이나 파일로 확인하는 마케팅 지표나 수치를 바로 시각화하거나 대시보드로 구성하는 것도 누구나 쉽게 할 수 있겠네요."

그만큼 앞으로의 코딩이 어떻게 될 것인지를 너무나 명확하게 보여 주는 서비스라고 할 수 있다. 사용하는 방법은 간단하다. 챗GPT 4.0 버전에서 검색창에 '+' 버튼을 누르면 파일을 업로드할 수 있는데, 바로 이 버튼 하나가 엄청난 파급력을 가져온 것이다. 이를테면 엑셀 파일을 업로드하고 "이 데이터로 차트를 만들어 줘."라고 지시하면 어떤 형식의 차트를 만들어 달라고 요청하지 않아도 데이터에 가장 적합한 차트를 만들어 준다. 차트에 대해 설명해 달라고 하면 설명도 해 준다. 당연히 차트의 모양도 자유자재로 바꿀 수 있다. 즉 코드 인터프리터 모드에서는 우리가 가지고 있는 데이터를 직접 업로드하고 이를 그래프 등으로 시각화할 수 있다는 뜻이다.

특히 이를 통해서 이미지 작업도 간단하게 처리할 수 있게 됐다. 오픈AI의 이미지 생성AI인 'Dall-E'와 결합하여 각종 이미지 작업을 말 한마디로 수행하기 때문이다. 그림을 입력하고 크기를 조절하거나, 색상의 톤을 바꿔 주는 등의 편집을 바로 처리해서 채팅창에 보여 준다. 파일 형태를 jpg에서 png로 바꾸거나 원하는 파일 형식으로 다운로드하는 것도 가능하다.

서울 아파트 값은 어디가 많이 올랐을까?

국토교통부 실거래가 공개 시스템을 보면 거래된 부동산 정보를 확인할 수 있다. 최근 3년간 서울 지역에서 거래된 아파트 데이터를 다운받아서 챗GPT 코드 인터프리터를 통해 분석해 봤다. 프롬프트 창을 통해 파일을 하나씩 업로드할 수 있어서 최근 1년간 엑셀 데이터를 업로드했더니 놀라운 일이 벌어졌다. 시키지도 않았는데 엑셀 파일을 탐색해서 데이터 문제를 고쳐 주는 전처리를 자동으로 수행하는 것이다. 엑셀 파일 시작 부분에 데이터에 대한 설명글이 여러 줄 쓰여 있었는데 분석에 필요 없는 내용이라고 알아서 제거했다. 그리고 거래 금액이 숫자가 아니라 텍스트 형식으로 되어 있는데, 계산을 하기 위해 숫자 형식으로 변경했다. 단계별 진행 과정에 대해서는 친절한 설명이 제시된다. 이후에는 포함된 모든 칼럼Column을 보여 주면서 데이터를 분석할 준비가 됐다고 알려 준다. 추가적으로 2년의 데이터셋을 하나씩 올리면서 전처리하고 합쳐 달라고 했더니 총 3년 치의 데이터셋을 순식간에 만들었다.

이렇게 합쳐진 파일을 다운로드할 수도 있다. 챗GPT가 제대로 분석을 수행하는지 확인하고 싶어서 파일을 다운받아 하나씩 결과를 비교해 봤는데 정확한 값을 도출해 냈다. "전체 기간에서 가장 거래 금액이 많이 오른 Top10 단지명과 거래 금액"을 알려 달라고 질의했다. 1분 정도 후 결과는 금방 나왔는데 뭔가 이상했다. 1등인 A아파트가 28억에서 130억까지 올라갔다는 것이다. 전용 면적을 고려하지 않고 질문했기 때문에 가장 작은 면적(97㎡)과 가장 큰 면적(264㎡)을 동시에 비교해서 나온 결과였다. 원하는 답은 아니었지만, 결괏값이 틀린 것은 아닌 셈이다. 상승률을 기준으로 Top10을 뽑아 달라고 하니 HY아파트가 2.47%로 1등이었는데, 이것도 뭔가 이상해서 원본 파일을 살펴보니 해당 아파트가 쌍문동과 압구정동 두 곳에 있었고 평형도 각각 달라 나온 결과였다. 이것 역시 지역을 고려하지 않고 질문한

1위. 서초구 반포동 B 아파트: 252,300 (from 337,700 to 590,000), 74.71% increase

2위. 서초구 잠원동 SB 아파트: 162,000 (from 236,000 to 398,000), 68.64% increase

3위. 강남구 압구정동 HY 아파트: 153,000 (from 245,000 to 398,000), 62.45% increase

4위. 강남구 압구정동 H 아파트: 150,500 (from 239,500 to 390,000), 62.84% increase

5위. 용산구 이촌동 HG 아파트: 150,000 (from 250,000 to 400,000), 60.00% increase

6위. 강남구 압구정동 HY4 아파트: 147,500 (from 222,500 to 370,000), 66.29% increase

7위. 서초구 잠원동 C 아파트: 125,000 (from 325,000 to 450,000), 38.46% increase

8위. 강남구 개포동 D 아파트: 121,000 (from 309,000 to 430,000), 39.16% increase

9위. 서초구 반포동 R 아파트: 118,000 (from 279,000 to 397,000), 42.29% increase

10위. 영등포구 여의도동 H 아파트: 116,000 (from 87,000 to 203,000), 133.33% increase

✕ **거래 금액 증가량 Top 10** (단위: 만 원)

탓일 뿐 챗GPT의 답이 틀린 것은 아니었다.

이제 오류를 수정한 프롬프트를 만들어 질의했다. "전체 기간에서 가장 거래 금액이 많이 오른 Top10을 해당 단지와 거래 금액, 등락률을 포함해서 알려 줘. 해당 단지는 주소를 기준으로 구분해 줘. 같은 평형대를 기준으로 계산해 줘."라고 하자, 1등으로 B아파트 1단지가 28.7억에서 59억까지 올랐다고 나왔다. 또 뭔가가 이상했다. 같은 단지의 같은 30평형대에서 이렇게 금액이 차이가 날 수 있다는 게 의심스러워 다시 원본 데이터를 확인하니 28.7억은 직거래 가격이었다. 아마도 지인끼리 시세보다 저렴하게 거래한 특이 케이스일 것이다. 이 오류를 해결하기 위해 거래 유형에서 '직거래'를 빼고 다시 계산해 달라고 하자 원하는 답을 얻을 수 있었다.

데이터를 분석하는 동안, 최종 결괏값을 얻을 때까지 여러 번의 질문을 바꿔 던지는 과정을 반복하게 된다. 처음 가설에서 생각하지 못했던 것들을 확인하게 되고 이를 보완하기 위해 질문을 수정하는 것이다. 만약 직장 후배에게 이렇게 반복해서 수정 요청을 하게 되면 어떨까? 일을 수행하는 후배도 짜증이 날 것이고 요청하는 선배도 매번 마음이 불편할 것이다. 챗GPT의 큰 장점은 이런 껄끄러움 없이 몇 번이고 반복해서 변경 작업을 시킬 수 있다는 것이다. 불평 없이 항상 "Sure."이라고 대답하는 긍정적이고 능력 있는 후배와 함께 일하는 기분이 들 것이다.

광고비를 많이 쓰면 우리 제품 검색량이 올라갈까?

이번에는 코드 인터프리터로 통계적 분석을 하는 과정을 살펴보자.

① 데이터 파악 및 전처리

광고비와 검색량 두 개의 칼럼을 가지고 있는 엑셀 데이터를 챗 GPT에 업로드하고, 데이터에 대해 설명해 달라고 요청했다. 그러자 각 칼럼의 자세한 설명과 함께 몇 개의 예시 데이터를 보여 준다. 그리고 통계 분석이나 시각화를 수행할지를 물어본다. 어떤 요청도 없었는데 이 데이터로 할 수 있는 내용을 스스로 파악한 것이다.

② 시각화 및 기술 통계 → 두 수치형 변수에 대한 산점도, 주요 기술 통계를 나열

로우 데이터를 파악한 챗GPT가 통계적 분석이나 차트를 만들고 싶은지 물어본다. "Yes, please."라는 말로 친절하게 통계 분석을 지시하자 'plot 차트'를 그려 광고비 대비 검색량에 대한 분포를 한눈에 보여 줬다. 어떤 차트를 그려 달라고 지시하지 않아도 데이터의 형태를 기준으로 가장 적합한 차트를 스스로 결정한다. 그리고 칼럼별 평균, 표준편차, 최솟값, 중간값, 최댓값을 계산하여 제시한다. 추가로 데이터 모델링도 하고 싶은지 물어보면서 계속해서 분석을 이어 가도록 유도하기도 한다.

③ 모델링 수행

데이터 모델링 중에서 난도가 높은 예측 알고리즘을 짜달라고 요청했다. 역시나 한 치의 주저함도 없이 수행하겠다고 답한 챗GPT는 리그레션 알고리즘Regression Algorithm이 이러한 데이터에 적합하다고 설명했다. 분석 절차에 대해서도 Training Set과 Test Set으로 나눠 진행한다는 자세한 설명과 함께 결과까지 그래프로 표시해 준다. 이때 예측치를 빨간색 선으로 눈에 띄게 만들고, 실 데이터를 같이 보여줘서 한눈에 예측 정확도를 짐작할 수 있었다.

여기서 끝이 아니다. 예측 모델은 완벽하게 정확할 수 없다고 얘기하면서 다른 예측 방법론을 통해 추가적인 분석을 할 것인지 물어보고, 회귀 분석 모델인 R-Squared Score(결정 계수)와 Mean Squared Error(평균 제곱 오차)를 활용해서 작업을 이어 나간다. 이 2가지 지표는 서로 보완적인 성질을 가지고 있는데, 결정 계수는 모델이 데이터를 얼마나 잘 설명하는지에 초점을 두고 있으며 평균 제곱 오차는 예측 오차의 크기에 집중하는 것이다. 따라서 회귀 모델의 성능을 평가할 때는 보통 이 2가지 지표를 모두 고려해서 수행하는데 코드 인터프리터가 정확히 이 방법대로 분석을 진행했다. 분석 모델에 대한 지식이 없는 사람이라도 이를 이용해 얼마든지 편하게 분석할 수 있는 상황이 된 것이다.

④ 인사이트 도출

마지막으로 지금까지 분석한 내용에 대한 인사이트를 숫자를 매겨 정리해 달라고 요청하자, 6가지 항목을 줄줄 적어 내려가기 시작한다. 전체적인 요약과 함께 앞으로 무엇을 해야 하는지에 대한 방안까지도 제안했다.

1. Positive Correlation : 광고비와 검색량은 분명한 양의 상관관계가 있다.
2. Predictive Ability : 광고비를 통해 검색량은 예측할 수 있다. 예측 정확도는 87.9%로 상당히 높다.
3. Model Error : 실제 검색량 대비 예측에 대한 평균 제곱 오차는 34998202.66이고 추가적인 모델 학습을 통해 줄일 수 있다.
4. Scalability of Advertising : 분석 결과 광고비를 늘려도 좋다.
5. Need for More Variables : 그러나 이 제안은 광고비 하나의 변수를 기준으로 계산한 것이기 때문에 한계가 있다. 검색량에 영향을 주는 추가적인 데이터들을 합해서 계산해 볼 필요가 있다.
6. Outliers and Model Fit : 예측치에서 크게 벗어나는 아웃라이어가 몇 개 발생했는데 이들에 대해서도 더 분석해 볼 필요가 있다.

코드 인터프리터를 실제로 사용해 봤을 때, 무엇보다 사용자가 데이터 분석에 대한 프로세스를 상세하게 요구하지 않아도 챗GPT가 스스로 데이터의 맥락을 유추하고 어떻게 분석할지 제시한다는 점이 인상적이었다. 간결하게 지시해도 상세하고 논리적인 결과를 산출해 주기 때문에 프롬프트 엔지니어링도 생각보다 까다롭게 구애받지 않을 듯하다. 또한 실제 데이터 분석 시 데이터 EDA Exploratory Data Analysis 과정을 정확하게 인지하고 있다는 느낌을 받았다.

이처럼 코드 인터프리터를 사용하면 코딩 지식이 적은 사람이라도 손쉽게 데이터를 분석하고 시각화를 통해 데이터 인사이트를 발굴할 수 있을 것이다. 물론 실력 있는 분석가의 눈으로 보면 기본적인 설명 수준이라고 볼 수도 있겠지만, 그럼에도 하나하나 다룬 주제를 살펴보면 꽤 높은 점수를 줄 만하다. 특히 답변에 대한 구조화가 잡혀 있기 때문에 향후 답변의 품질은 급속하게 올라갈 것이다.

⑤ 코드 인터프리터 활용이 가능한 영역

- 이미지 편집 : 이미지를 올려 크기를 조정하거나 회전, 반전, 텍스트를 추가할 수 있다.
- 동영상 생성 : 이미지를 올린 다음 카메라를 수직 또는 수평 방향으로 이동시키는 방법으로 동영상화하도록 지시하면 코드를 생성한다.
- 데이터 분석 및 시각화 : 최대 500M까지 업로드한 파일의 데이터 분석을 수행한다. (통계 분석, 알고리즘, 시각화)
- QR코드 생성 : 특정 사이트와 연결할 수 있는 QR코드를 생성

한다.

- 대용량 PDF 파일 읽기 및 분석 : 방대한 텍스트가 담긴 PDF 파일을 올리고 특정 단어가 나오는 횟수를 세거나 내용을 분석하게 할 수 있다.
- 게임 프로그래밍 : 간단한 게임 제작이 가능하다.

> 3 <

새롭게 정의되는
개발 전문가들의 역할

이제 챗GPT를 이용하면 프로그래밍 언어가 아니라 자연어로 코딩을
할 수 있다. 컴퓨터에게 원하는 기능을 누구나 쉽게 구현할 수 있고,
전문가가 아니더라도 비약적인 생산성을 만들어 낼 수 있게 되었다.

AI 기반 소프트웨어 회사인 픽시.ai Fixie.ai의 CEO 맷 웰시 Matt
Welsh는 3년 내로 개발자라는 직업이 사라질 것으로 전망했다. 과거 컴
퓨터 과학자들은 미래 개발자들이 개발을 잘하기 위해서는 CPU 작동
원리처럼 컴퓨터의 근본적인 원리를 이해해야 한다고 생각했다. 하지
만 현재 개발자에게 필요한 능력은 컴퓨터의 작동 원리를 이해하는
것과 거리가 멀다. 마찬가지로 미래에 개발을 잘하는 능력은 코딩이
아니라 AI를 얼마나 잘 가르치고 사용하느냐가 핵심이 될 것이다. 일
일이 코드를 타이핑하는 개발자의 역할은 몇 년 내로 사라질 것이라
는 이야기다.

확실히 챗GPT는 어떤 면에서는 인간 개발자보다 훌륭한 개발자

역할을 하기도 한다. 대부분의 개발자들이 공식 문서를 보지 않고 코딩부터 하고 나서 발생하는 에러들을 처리해 가는데, 챗GPT는 공식 문서의 탐색을 매우 짧은 시간 내에 처리한다. 어렵게 찾아다녔던 공식 문서나 스택 오버플로우Stack Overflow, 프로그래밍에 대해 질답하는 사이트를 헤맬 필요 없이 챗GPT는 개발자가 알아듣기 쉽게 질문만 하면 얻고 싶은 정보를 빠르게 내놓는다. 더불어 엄청난 정보량을 가지고 있는 챗GPT의 코딩 실력은 놀라운 결과물을 만들 수 있다.

챗GPT와 같은 AI와 함께 개발을 진행한다 해도 개발자의 작업이 새롭게 정의될 뿐 개발자 자체가 사라지는 일은 없을 것이라고 본다. 궁극적으로는 개발자가 제어해야 하기 때문이다. 챗GPT의 코드가 좋은지 아닌지 결정해야 하고, 예상대로 작동하는지 확인해야 한다. AI는 단순히 개발자에게 코드를 배송해 줄 뿐이다. 이런 관점에서 개발자들에게는 오히려 챗GPT라는 좋은 보조자가 생기는 셈이다.

개발자가 코딩을 직접 하는 비중은 줄어들 수 있지만, 대신 지속적인 모니터링을 비롯해 더 품질 높은 서비스를 위한 가치 창출에 집중할 수 있다. 챗GPT라는 강력한 비서의 등장으로 비즈니스에서 가장 중점을 두어야 할 부분은 실무적이고 부수적인 작업들을 대체하는 것이 아니라 결국 비즈니스의 목적과 방향성을 따라 더 효율적인 경로를 찾는 것이라는 큰 틀을 잊지 말아야 한다.

Chapter 8

$\times$

AI 시대, 데이터의 관리와 사용

> 1 <

생성형 AI 연계를 위한
데이터 관리의 중요성

앞으로 기업 내 데이터에 챗GPT가 연결되면 어떤 일이 벌어질까? 과거 10년간의 기획서를 제공하고 내년도 기획서를 작성해 달라고만 해도 뚝딱하고 만들어 줄 것이다. 우리 회사가 가장 매출을 많이 올린 마케팅 채널과 이유를 알려 달라고 질문하는 것만으로도 답을 얻을 수 있다. 영업에서 가장 주력해야 할 고객을 랭킹별로 선별해 달라고 하면 1분 안에 근거와 함께 바로 제공받을 수 있을 것이다. 상상만 해도 신나는 일이다. 만약 이런 일들을 후배 직원에게 요청하면 어떨까? "제가 그때는 회사에 다니지 않아서 잘 모르겠습니다.", "과거 데이터가 어디에 있는지 찾을 수가 없는데요." 등 할 수 없는 수많은 이유가 나올지도 모른다. 챗GPT의 장점은 그런 사정이나 변수 없이 언제든 정확한 답안을 제공받을 수 있다는 데 있다. 그렇다면 이러한 답안의 수준을 더 끌어 올리기 위해 기업이 준비해야 할 것은 무엇일까?

인공지능 활용 전략의 결과물, 데이터

><

최근에는 집 정리를 잘하는 '정리 컨설턴트'가 새로운 직업으로 등장
했다. 발 디딜 틈도 없이 엉망인 집을 순식간에 깔끔하게 바꿔 놓는
능력을 보면 놀라울 정도다. 이들의 핵심 노하우는 첫째, 집 공간의 크
기 안에 넣어야 할 물건에 대한 재고 조사를 한다. 둘째, 필요 없는 것
들을 모두 찾아서 버린다. 셋째, 정리를 하기 전에 어떤 물건을 어디에
넣어야 가장 효율적으로 활용할 수 있을지 그림을 그려 본다. 넷째, 공
간이나 물건에 네임 태그를 붙이고 자주 사용하는 것과 자주 사용하
지 않는 것을 구분하여 정리를 시작한다. 걸어야 할 것, 세워야 할 것,
눕혀야 할 것 등을 정하고 공간에 질서를 주는 것이다. 정리는 물건을
버리기 위해서 하는 것이 아니라 물건을 잘 사용하기 위해서 하는 것
이라는 말처럼 눈에 보이지 않는 기업 내 데이터도 효율적으로 사용
하기 위해서는 이러한 정리 체계가 필요하다.

　　데이터의 가치가 점점 중요하게 인식되면서 각 업계의 IT 환경
도 더 빠르고 복잡하게 발전하고 있지만, 최근 클라우드 시대에 접어
들며 기업마다 방대한 데이터를 다양한 시스템에 저장하고 있다 보니
이에 대한 통합적인 관리가 점차 어려운 문제가 됐다. 현재로서는 관
리하고 분석할 수 있는 것보다 훨씬 많은 데이터가 축적되고 있다. 평
균적으로 각 조직에서 5년 전에 비해 10배나 더 많은 데이터를 관리
한다고 한다. 그러나 보유한 데이터의 4분의 3은 제대로 사용되지 않
는다는 사실이 실제로 관련 통계 데이터를 통해 증명된 바 있다. 심지
어 열악한 데이터 품질로 인해 미국에서만 3조 1천억 달러의 손실이

발생하고 있다는 보고서는 놀라울 따름이다.* 이처럼 많은 데이터의 양이 분석할 수 있는 형태로 관리되어 있지 않다면 기업 역량의 낭비인 것은 물론이고, 오히려 자칫 각종 오류나 누락 등의 문제들을 야기할 수 있는 요인이 될 수도 있다.

앞으로 챗GPT 등 인공지능 기술을 비즈니스 차원에서 가장 잘 활용하는 궁극적인 방법은 결국 기업 내부의 데이터를 분석에 활용할 수 있는 데이터로 구축하여 챗GPT와 연계해 활용하는 것이다. 다만 우리가 가지고 있는 수많은 데이터를 제대로 사용하기 위해서는 반드시 체계적인 데이터 관리가 선행되어야 한다. 즉 기업 내부에 수없이 쌓이고 분산된 데이터를 AI가 분석에 활용할 수 있는 데이터의 형태로 한데 모으고 구축해야 한다는 것이다. "가치 있는 데이터는 단지 정보의 축적이 아니라, 전략적인 관리와 분석의 결과물이다."라는 로버트 피셔Robert Fisher의 말처럼 말이다.

데이터 기반의 의사결정 체계를 수립하기 위해 기업이 꼭 갖춰야 하지만 대부분의 기업에서 잘 이루어지지 않고 있는 2가지가 있다. 바로 KPIKey Performance Indicator와 데이터 라벨링Data Labeling 관리다.

---

* "The Price You Pay for Poor Data Quality", Anodot

목표 관리를 위한 KPI

✕

기업에서는 목표를 관리하기 위해 KPI를 수립한다. 게리 켈러, 제이 파파산은 저서 《원씽》(비즈니스북스, 2013)에서 "복잡한 세상을 이기는 단순함의 힘을 강조하며 하나에 집중하는 것이 중요하다"고 말한다. 그렇다면 조직의 목표도 하나로 선정하고 모두가 힘을 모아 집중한다면 가장 효과적으로 달성할 수 있을까? 치킨 시장을 분석한 예시를 통해서 살펴보자.

마케팅에서는 '좋아요'가 중요할까 '댓글'이 중요할까? 우리나라는 다양한 브랜드 치킨 회사들이 열심히 마케팅하고 있다. 각자 SNS 채널에서 열심히 콘텐츠를 만들어 올리지만 성과는 마케팅 능력과 예산에 따라 다르게 나타난다. 하나의 마케팅 콘텐츠를 올렸을 때 기업은 '좋아요'를 많이 받기를 원할까? 아니면 '댓글'을 많이 받기를 원할까? 마케팅 용어로는 고객의 인게이지먼트 Engagement가 높은 댓글을 받는 것을 당연히 선호한다. '좋아요'는 지나가다가도 누를 수 있지만, 댓글은 아무래도 고객이 좀 더 해당 브랜드를 생각하고 고민할 때 쓰기 때문이다.

다음 도표는 SNS에서 여러 치킨 브랜드가 올린 게시물의 '좋아요'와 댓글을 수집해서 분석한 내용이다. 가로축은 '좋아요'의 수, 세로축은 댓글 수다. 재밌는 현상은 대부분의 브랜드에서 대각선을 따라서 '좋아요'가 늘어날수록 상대적으로 받기 힘든 댓글 수도 같이 늘어난다는 것이다. 유일하게 E브랜드만 '좋아요' 수에 비해 댓글 수가

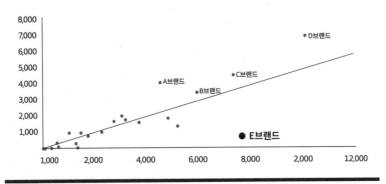

8,000					● D브랜드		

✕ **치킨 업계 SNS 동향 분석**

적다. 이 데이터만 봤을 때는 E브랜드를 빼고 나머지 브랜드는 마케팅의 더 높은 목표인 인게이지먼트를 댓글을 통해 잘 달성하고 있는 것으로 보인다. 어떻게 이 어려운 일을 치킨 브랜드들이 모두 해내고 있는 것일까? 짐작했겠지만 거의 모두 댓글 이벤트만 진행하고 있기 때문이다.

치킨 업계에서 마케팅 에이전시에게 요청하는 KPI가 댓글이기 때문에, 보통 댓글을 통해 치킨을 공짜로 주거나 할인 쿠폰을 제공하는 이벤트를 진행하게 된다. 이러한 이벤트 콘텐츠는 과연 얼마나 가치가 있을까? 우리가 잠들기 전에 SNS에 들어가 재미있거나 의미 있는 콘텐츠를 보고자 할 때 이런 이벤트를 찾아다니는 경우가 얼마나 될 것인가? 체리 피커Cherry Picker들을 제외하면 마케팅적으로 큰 의미가 없다고 봐야 한다.

놀라운 것은 이렇게 무의미한 콘텐츠만 생산하고 있는데도 모두가 행복한 상황이 펼쳐진다는 점이다. 마케팅 에이전시에서는 댓글이라는 목표를 달성했고, 이를 지시한 브랜드 매니저 입장에서도 만족스럽다. 결과 보고를 받는 브랜드 임원도 댓글 수를 통해서 의미 있는 결과를 얻어 냈다고 생각할 것이다. 그렇다면 혼자 댓글 성과가 좋지 못했던 E브랜드는 어떤 콘텐츠를 만들고 있을까? 바로 브랜드 광고 모델의 룩북을 만들어 올렸다. 멋진 모습의 모델과 E브랜드의 로고만 있을 뿐이다. 사진 속 멋진 모델만 봐도 흐뭇한 미소가 지어지면서 자기도 모르게 '좋아요'를 누르게 되는 것이다. E브랜드는 상위권 브랜드는 아니지만 SNS에서는 2위를 할 만큼 소비자로부터 좋은 반응을 이끌고 있다.

이제 다시 질문으로 돌아가 보자. 마케팅에서 '좋아요'가 중요한가, '댓글'이 중요한가? 이제는 뭐가 더 중요한지 대답하기 어려워졌을 것이다. 이것이 바로 하나의 KPI로 조직 목표를 단순화했을 때 발생할 수 있는 문제다. 제대로 된 성과를 달성하기 위해서 조직 목표는 순간마다 다르게 관리되어야 하고, 사람마다도 달라야 한다. 심지어는 오늘 내가 하는 일의 목표와 내일의 목표가 달라져야 한다. 그렇다면 이렇게 다이내믹한 목표를 어떻게 관리할 것인가? 리더들이 일일이 관리할 수는 없다. KPI는 AI가 관리해야 하는 영역이다.

분석 목적에 맞춰 정비하는 데이터 라벨링

><

대부분 조직에서 제대로 관리되지 않고 있는 데이터 라벨링을 살펴보자. 챗GPT 때문에 데이터에 관심이 많아졌는지 기업의 오너나 사장님들을 종종 만나면 많은 이가 이렇게 말한다.

"내가 이 기업을 30년간 경영했습니다. 우리 회사에는 너무나 많은 중요한 데이터가 쌓여 있어요. 이 데이터들을 활용만 해도 회사가 금방 성장할 텐데 직원들이 사용할 생각을 하지 않아요. 제가 이 모든 데이터를 다 드릴 테니 분석해서 활용할 수 있도록만 만들어 주세요."

반면에 직원들을 만나보면 전혀 다른 얘기를 할 때가 많다.

"우리 회사에 데이터는 많이 있습니다. 그런데 전부 버려야 할 데이터예요. 사용할 수 있는 수준이 전혀 아닌데 위에서는 계속 분석 보고서를 달라고 합니다. 데이터가 엉망이라고 하면 왜 그렇게 만들었냐고 질책받을 것이고, 그냥 데이터 없이 보고하면 왜 데이터 활용을 안 하냐고 혼나니 정말 미치겠습니다."

무엇이 문제이고, 어디에서부터 잘못된 것일까? 최근에 국내 대형 OO놀이공원의 데이터 분석 프로젝트를 진행했다. 이런 곳들은 학생 할인, 군인 할인, 지역 할인 등 여러 가지 행사를 하면서 입장객 수와 매출액을 데이터로 정리하여 보고한다. 대부분의 데이터가 엑셀로 관리되고 있고 담당 직원은 행사별 입장객 수와 매출 데이터를 잘 정리해서 보고해 오고 있었다. 여기까지는 아무런 문제가 없었는데 빅데이터 시대에 접어들면서 분석에 대한 니즈가 더 고도화되었다. 이제는 입장객을 늘리기 위한 방안도 데이터로 분석하고 싶고, 얼마나 많은 입장객이 올지도 예측하고 싶어진 것이다.

이를 분석하기 위해서는 할인 행사뿐만 아니라 판매 구분, 티켓 종류, 주야간, 대인·소인·청소년, 결제 장소 등 더 많은 데이터가 필요하다. 기존에는 이러한 데이터가 잘 정리되어 있지 않았다. 과거에는 누구도 이러한 데이터를 저장하라고 지시한 적도 없고, 이렇게 고도화된 목표가 있지도 않았던 것이다. 더 많은 항목의 데이터를 굳이 적재할 이유가 없었기 때문에 데이터가 없는 것은 누구의 잘못도 아니다. 다만 지금에서야 비즈니스 니즈가 바뀐 것이다. 덕분에 7개월간 진행된 프로젝트 중 거의 절반의 시간을 데이터 정리에 사용했고 현업 담당자들과 하나씩 확인하면서 데이터 정제 작업을 수행했다. 결과적으로 기존의 데이터를 분석하기 좋게 변환할 수 있었고, 분석할 수 있는 데이터 항목이 늘었기 때문에 목표로 하는 분석도 진행할 수 있었다.

아마 데이터가 대충 저장된 기업이 대부분일 것이다. 그 역시 DB에 모여 있기보다는 엑셀로 담당자의 컴퓨터 안에 흩어져서 저장되어 있을지도 모른다. 이러한 데이터를 분석 목적에 맞춰서 새롭게 정비하고 꼬리표를 다는 작업이 바로 데이터 라벨링이다. 생성형 AI가 정확한 대답을 하려면 인풋이 되는 데이터에 꼬리표를 달아두는 라벨링 작업이 잘 되어 있어야 한다. 따라서 기업에서는 선행적으로 데이터 라벨링 작업을 시작해야 한다.

여기서 반드시 주의해야 할 점은 지금까지 데이터가 잘못 정리된 것에 대해 꾸짖으면 안 된다는 것이다. 과거에는 요구사항도 없는데 군이 데이터를 상세하게 정리할 필요가 없었을 것이다. 혼내는 순간 담당자들은 모든 데이터를 숨기기 시작하고 활용에 소극적인 자세를 취하게 된다. 지금까지의 잘못에 대해서는 면책권을 줘야 하지만 앞으로 관리가 안 될 경우 강력한 책임을 부과해야 한다.

챗GPT도 더 좋은 결괏값을 만들어내기 위해 케냐 등 인건비가 저렴한 노동자들을 동원해 데이터 라벨링 작업을 진행한 것이 문제가 된 바 있다. 기업 내 데이터 라벨링 역시 어떤 방식으로 진행할 것인지가 향후 화두가 될 수 있을 것이다. 그러나 기업 내 인공지능 도입은 반드시 데이터 라벨링 이후에 가능하다. 결국 도입 자체가 잠시 늦춰질 수도 있다는 것이 전문가들의 의견이다.

〉2〈

데이터 댐 vs 데이터 레이크

한국 정부에서는 오랫동안 데이터 산업을 발전시키기 위해 엄청난 돈을 쏟아부으면서 노력해 왔다. 그 결과 공공 데이터 개방 및 활용은 세계 1위 수준으로 올라왔고 각 지자체, 공공기관 등 거의 모든 공적 단체들은 관련 데이터를 수집하고 정리해서 공개하는 것이 의무화되어 있다. 불과 5년 전만 하더라도 내가 강연을 다닐 때 아직 공공 데이터는 품질이 너무 낮아 활용할 수준이 아니라고 말했었는데, 지금은 180도 입장을 바꿔 반드시 공공 데이터를 활용해야 한다고 말한다. 몇 년 안에 데이터 품질이 빠르게 개선되어 너무나 좋은 데이터를 무료로 사용할 수 있기 때문이다.*

---

*   https://datalab.visitkorea.or.kr/, 한국관광공사의 '데이터랩'은 통신, 카드, 내비게이션, 소셜 정보 등을 모두 제공하고 있고, 지역별 상권 분석을 하고자 할 때 사용하기 좋다.

특히 2020년 정부에서 데이터 사업으로 추진한 큰 개념이 '데이터 댐' 사업이다. 이는 여러 분야에 모인 데이터를 축적하고 분석하여 인공지능을 학습시키고, 학습된 인공지능을 금융, 문화, 교육, 의료, 교통 등 다양한 분야에서 활용하는 것이 목적이다. 그래서 6천 449억 원을 투입하여 산업계에서 부족한 양질의 데이터 생산과 개방을 위해 빅데이터 플랫폼 및 센터를 확대 구축하고, 인공지능 서비스 개발에 필수적인 인공지능 학습용 데이터를 대규모로 구축, 개방하고자 했다. 실제로 16개 분야 데이터 플랫폼(160개 데이터 센터)을 만들었고, 3천 종 이상의 데이터를 개방하게 되었다. 이 사업의 장점은 사용자들이 스스로 학습하려면 몇 년이 걸려도 만들어내기 힘든 각 분야의 학습 데이터가 한꺼번에 쏟아져 나온다는 데 있다.

2022년이 되면서는 정부의 데이터 사업도 조금 다른 방향으로 진행되었다. 새롭게 등장한 콘셉트는 바로 '데이터 레이크Data Lake'다. '데이터 댐'은 학습된, 소위 말하는 가공 데이터를 제공하다 보니 가장 기초가 되는 형태인 원천 데이터Raw Data를 제공하지 못한다는 한계가 있었다. 이를 보완하기 위해 대량의 원천 데이터와 가공 데이터를 한꺼번에 저장하고 관리하는 데이터 레이크가 등장한 것이다. 사용자가 스스로 원하는 형태로 데이터를 가공하기 위해서는 원천 데이터가 필요하기 때문에, 더 날것 그대로의 데이터까지 제공한다는 개념이다. 취지는 좋지만 현실적으로는 훨씬 더 많은 저장 공간과 사용되지 않는 쓰레기 데이터까지 관리해야 해서 비용이 급증한다는 문제점이 있다. 여기서 발생하는 단점을 보완하기 위해서는 또 어떤 방법이 필요할까? 이와 같은 데이터 관리 개념의 변화에 따라 데이터 관리 툴과 방법론도 발전하고 있다.

데이터 패브릭 방법론의 등장

><

데이터 관리 툴은 데이터 베이스로 시작해서 이후 데이터 웨어하우스, 데이터 댐, 데이터 레이크로 진화했다. 모두 데이터를 물리적으로 이동시켜 대량으로 보관할 수 있는 일종의 저장소다. 이렇게 데이터를 물리적으로 이동시킬 때에는 몇 가지 문제가 발생한다. 데이터를 전체적으로 관리하는 거버넌스 문제가 발생할 수 있고, 데이터 품질 문제, 데이터 사일로 문제도 있다. 이러한 문제들을 해결하기 위해 최근 가장 효율적인 데이터 관리 방법론으로 주목받는 개념이 바로 데이터 패브릭Date Fabric이다. 직물처럼 교차되는 연결망의 특성에서 '패브릭Fabric'이라는 키워드를 따온 개념이다. 2022년 가트너가 발표한 10대 기술 중 첫 번째로 다뤄진 기술이기도 하다.

　데이터 패브릭을 쉽게 설명하면, 물리적으로 데이터를 가져와서 합쳐놓고 활용하는 것이 아니라 필요한 데이터가 어디에 있는지만 알고 있다가 필요한 순간에 가져와서 활용한다는 개념이다. 데이터 사일로를 무너뜨리고 필요한 사람에게 필요한 데이터를 제공하는 것이 핵심 기술이다. 필요한 데이터가 어느 장소에 존재하든 상관없이 통합적인 체계에 의해 관리되는 것이다. 또한 보안이 보장된 상태에서 쉽게 접근하고 공유할 수 있는 환경을 만드는 아키텍처 전략도 들어 있다. 여기에 추가적으로, 데이터를 인공지능 기법으로 학습하고 시각화하여 오픈 소스 툴과 결합하기까지 모든 것을 한꺼번에 할 수 있다는 꿈 같은 콘셉트다.

데이터 패브릭의 핵심 기술

✕

① 데이터 가상화(Data Virtualization)

데이터 가상화는 데이터 패브릭의 핵심 기술 중 하나로 꼽힌다. 데이터를 물리적으로 한곳에 모으지 않고 제자리에 두면서, 필요한 메타 데이터Meta Data만 통합된 형태로 가상 데이터 계층을 구축하는 것을 말한다. EDW, Data Lake, RDMS, SaaS 등 기업 내 보유하고 있는 데이터의 형태가 어떤 것이든 상관없이 데이터를 통합할 수 있는 체계를 구성하는 데 중점을 둔다. 데이터를 별도로 복사하거나 이동하지 않고도 단일화된 관점에서 접근할 수 있기 때문에 쿼리를 통해 데이터를 활용할 수 있다.

② 데이터 생애주기 관리(Data Lifecycle Management)

데이터 거버넌스Governance와 컴플라이언스Compliance를 관리하는 것을 말한다. 데이터에 접근할 수 있는 권한이 모두에게 평등한 것은 아니다. 올바른 사람에게 올바른 데이터에 대한 접근 권한을 제공하는 것이 거버넌스 체계다. 데이터가 자동으로 관리되기 위해서는 메타 데이터와 같은 데이터 정보에 대한 관리가 필요하고, 데이터 기준 수립을 위한 마스터 데이터도 관리되어야 한다. 이렇게 체계적으로 데이터에 꼬리표를 달아서 철저히 관리해야만 데이터 품질이 보장되는 것이다. 이 모든 관리 체계를 데이터 거버넌스라고 한다. 데이터 컴플라이언스는 법과 규범을 지키는 것이고 많은 공개된 데이터 또한 이러한 규범이 존재한다. 하나의 예로 개인정보보호법 GDPR General Data Protection Regulation 이 여기에 해당한다. 데이터를 활용할 때 컴플라이언스 이슈가 없도록 전체적으로 사전에 관리하는 것도 중요하다.

③ 데이터 노출(Data Exposing)

데이터를 사용자가 활용하기 쉽게 만드는 기술이다. 여기에 가장 핵심적인 기술로 '데이터 카탈로그Data Catalog'를 들 수 있다. 수많은 택배 상자가 있는데 라벨이 붙어 있지 않다면 모든 상자를 열어 봐야만 그 안에 무엇이 있는지 알 수 있을 것이다. 데이터도 마찬가지로 어떤 데이티가 어디에 있는지 라벨을 붙여 놔야 사용자가 편하게 사용할 수 있다. 바로 이러한 관리 체계를 데이터 카탈로그라 한다.

그런데 같은 라벨이라도 사용자에 따라서 조금씩 용어를 다르게 사용할 수 있다. 비즈니스를 담당하는 현업 실무자, 데이터 분석가, 개발자 모두 자신의 입장에서 기억하고 이해하기 좋은 방식으로 데이터 라벨링을 하기 때문에 회사의 표준화된 기준으로 각각을 정리할 필요가 있다.

데이터 카탈로그를 통해 데이터를 쉽게 찾을 수 있게 되면 사용자들은 쉽게 데이터 분석을 할 수 있다. 머신러닝을 통해 예측하고, 최적화하고, 추천하는 알고리즘을 만들기도 하고 이를 태블로Tableau 와 같은 BIBusiness Intelligence 툴을 활용해 시각화하는 활동을 할 수도 있다.

데이터 패브릭은 이렇게 분석과 시각화에 관련된 솔루션들과 오픈 소스들을 모두 통합하여 활용할 수 있도록 구성하는 것이다.

데이터 패브릭의 비즈니스 이점

>‹

만약 우리 회사의 자사몰에서 판매를 활성화하기 위해 고객 분석을 하려고 한다고 생각해 보자. 데이터 패브릭 체계가 구성되어 있다면 그 과정은 다음과 같이 이루어질 것이다.

우선 고객 정보는 자사 CRM Customer Relationship Management 시스템에 존재한다. 판매 정보 데이터는 자사 ERP Enterprise Resource Planning에 있다. 자사몰 내의 고객 행동 패턴 정보는 구글 GA Google Analytics를 통해 수집한다. 우리 제품에 대한 고객 평판 데이터는 자연어 상태로 커뮤니티 사이트와 콜센터로 들어온 제품별 불만 사항을 수집하면 된다. 이렇게 서로 다른 형태로 서로 다른 물리적 공간에 존재하는 데이터를 쿼리를 통해 분석에 필요한 항목만 취합한다.

마스터 데이터 관리 툴을 통해 모든 데이터의 정보가 정리되고 데이터 거버넌스 체계로 구축되어 있을 것이다. 메타 데이터 관리를 위한 라벨링이 부여되었고 사용자의 업무 성격에 맞춰 Business Meta Data, Technical Meta Data를 구분하여 표시해 두었다. 전화번호, 주민등록번호와 같은 개인정보 보호에 관련된 데이터는 자동으로 암호화하여 관리되기 때문에 마음 놓고 데이터 분석을 할 수 있는 환경이 제공된다.

체계적으로 관리된 데이터는 데이터 카탈로그를 통해 쉽게 찾을 수 있도록 공개되어 있다. 이를 바탕으로 자사몰에서 판매 활성화를 위해 가장 구매량이 높은 고객과 비슷한 행동 패턴을 보이는 고객들에게 제품을 추천하는 알고리즘을 설계하려고 한다. 이는 머신러닝 알고리즘, 분석 툴, BI 툴이 제공되어 있으므로 편리하게 활용하여 진행하면 된다. 데이터 패브릭 환경은 이와 같이 단일 액세스 지점에서 데이터를 제공받고, 중앙집중식 방법으로 데이터를 관리하고, 분석과 시각화를 스스로 할 수 있도록 하는 기능을 제공한다. 이는 데이터 사용과 업무 효율에 큰 영향을 끼치는 것은 물론이고, 또한 기업 시스템에 산재해 있는 데이터를 챗GPT와 연계하여 통합적으로 관리하는 데에도 매우 유용할 수밖에 없다.

특히나 챗GPT와 같은 생성형 AI를 기업 내에서 활용하고자 할 때 정확한 데이터는 필수적인 요소이자 최고의 자원이기도 하다. 챗GPT는 잘 활용하면 최고의 도구이자 비서가 될 수 있지만, 데이터의 가치를 온전히 발휘할 수 있도록 만드는 것은 결국 사용자의 몫이다. 미래 가치가 충만한 좋은 기술이 있는데 이를 활용할 재료를 적절히 준비하지 못한다면 너무나 큰 손실일 것이다. 좋은 데이터의 체계적인 관리는 더 이상 미루지 말고 반드시 선행되어야 하는 영역이다. 잘 다듬어진 데이터만이 왜곡된 분석 결과를 피하고 올바른 의사결정으로 이어진다는 점을 꼭 기억해야 한다.

Chapter 9

챗GPT의 한계와
인류의 대안

챗GPT의 부작용에 대한 대응

이 시대의 혁신이라 할 수 있는 챗GPT의 등장과 함께 비즈니스에서의 활용 가능성도 무궁무진하지만, 한편으로는 챗GPT가 가져올 수 있는 부작용에 대한 우려의 목소리도 적지 않다. 대표적으로 지적되는 몇 가지 문제점이 있다.

개인 정보 및 기밀 유출

><

챗GPT 학습 목적으로 방대한 데이터를 수집하기 때문에 그 안에 개인 정보가 포함되어 다른 사용자에게 유출될 수 있다. 그뿐만 아니라 기업의 기밀 정보가 외부로 노출될 가능성이 있다. 특히나 비즈니스에서 챗GPT를 활용할 때 기업의 내부 데이터와 연계하는 방안이 핵심이 될 것으로 주목받고 있다. 이를 실현하기에 앞서 기업의 기밀 보안 유지는 사전에 반드시 해결해야 하는 과제다. 민감한 내부 데이터를 챗GPT에 학습시켰을 때 데이터가 오픈AI 서버나 다른 사용자에게 유출될 수 있기 때문이다. 실제로 이런 우려 때문에 챗GPT 이용을 자제하도록 하거나 아예 사용하지 못하게 제한하는 기업들도 늘어나고 있다.

JP모건J.P. Morgan, 골드만삭스Goldman Sachs, 뱅크오브아메리카BoA 등은 지난 2월부터 챗GPT 사용을 전면 차단했으며 SK하이닉스, 후지쯔Fujitsu, LG디스플레이 등은 제한된 규칙 내에서만 사용을 허용한다고 밝혔다. 아마존은 전 직원에게 AI 챗봇에 회사의 내부 기밀, 직원과 고객 정보, 프로그램 소스 코드 등을 입력하지 말도록 경고했고, 일본 소프트뱅크Softbank도 챗GPT에 회사 기밀 정보를 입력하지 말라고 통보한 바 있다.

삼성전자도 사내 네트워크에서 생성형 AI 사용을 전면 금지한다고 선언했다. 지난 3월 엔지니어가 챗GPT를 사용하던 중 실수로 내부 소스 코드를 유출하는 사고가 있었기 때문이다. 이렇게 전송된 데이터는 자체적으로 삭제하기도 어렵고 어떻게 확산될지 모르기 때문에 매우 민감한 문제다. 생성형 AI 사용을 아예 차단할 수는 없겠지만, 안전한 사용을 위한 보안 조치가 우선되어야 한다는 방침이다.

이처럼 생성형 AI를 도입하는 데 있어 사용 정책을 세분화하고 프로세스를 구축하는 것이 중요한 선행 과제로 대두되고 있다. 이에 대한 방안으로 포스코는 보안 문제를 대비하고 생성형 AI의 이점도 활용할 수 있도록 내부 협업 플랫폼인 MS 팀즈Teams 내에서 챗GPT

를 사용할 수 있도록 하기도 했다.

  개인 정보와 비즈니스 기밀 유출을 우려하는 목소리를 의식했는지 오픈AI는 기업 보안 문제를 해결하기 위해서 기업을 대상으로 한 '챗GPT 비즈니스' 모델을 출시할 예정이라고 밝혔다. 챗GPT 비즈니스 모델은 챗GPT를 통해 기업 데이터를 관리하고자 하는 고객들을 위한 서비스로, 최종 사용자의 데이터가 챗GPT의 학습 데이터셋으로 사용되지 않는다고 밝혔다.

사이버 범죄

><

챗GPT 관련 첫 번째 사이버 범죄 유형은 컴퓨터 시스템과 데이터 프로그램을 훼손시키거나 장애를 일으키는 경우로, 해킹, 서비스거부공격DDos, 악성 프로그램 등이 있다. 과거에는 사이버 범죄를 저지르기 위해 숙련된 기술이 필요했지만 이제는 챗GPT를 활용하여 누구나 쉽게 악성 코드를 생성할 수 있게 되었다. 그로 인해 사이버 범죄에 대한 진입 장벽이 낮아졌다는 점도 우려되고 있다.

  두 번째 사이버 범죄 유형은 컴퓨터 시스템을 활용하여 범죄를 저지르는 경우로, 사이버 사기, 사이버금융범죄, 스팸 메일 등이 여기에 해당한다. 특히 챗GPT의 정교한 문장 작성 능력을 사용하여 작성한 피싱 이메일과 사람이 작성한 메일을 구분하기가 더 어려워지면서 문제가 심각해지고 있다. 최근 '웜GPTWormGPT'라는 피싱 작업과 기업용 이메일 공격을 돕는 사이버 범죄 도구가 등장하기도 했다. 이로 인해 개인은 물론, 기업의 사이버 보안도 크게 위협받고 있다.

허위 사실 유포

✕

챗GPT는 단순 노동을 넘어서 인간의 능력이라고 여겨지던 '창조' 활동까지 범위를 넓히면서 새로운 윤리적 문제를 대두시켰다. 그중에서도 AI 기술의 발달로 현실과 구분하기 어려운 가짜 콘텐츠가 만들어지면서 가짜 뉴스 확산과 그로 인한 범죄 가능성에 대한 우려가 커지고 있다. 올해 3월, 엘리엇 히긴스Eliot Higgins라는 한 블로거가 이미지 생성 AI 서비스 미드저니로 미국 전 대통령이 체포되는 사진을 만들어 유포해 문제가 된 일이 있었다. 실제 사진과 구별할 수 없을 정도로 정교하게 만들어지다 보니 가짜 뉴스가 걷잡을 수 없이 퍼진 것이다. 이외에도 악의적인 딥페이크 이미지가 유포되는 경우가 생기면서 미드저니는 무료 평가판 서비스를 중단하기도 했다.

저작권 침해

✕

카피캣Copycat, 모방으로 인한 저작권 침해의 대표적인 사례로는 유튜브 데이터 분석 서비스 '노아AI'가 있다. 노아AI는 유튜브 인기 영상의 조회수, 키워드, 제목 등을 분석하고 추천해 주는 서비스였다. 이를 악용하여 노아AI가 인기 영상을 추천해 주면, 음성 기록 AI나 글쓰기 생성 AI를 통해 기존의 콘텐츠를 카피해 영상을 업로드하고 수익을 창출한 것이다. 한 인기 크리에이터가 이 문제를 공론화하면서 노아AI는 서비스를 종료하는 것으로 일단락되었다. 이 사건은 AI 프로그램을 활용한 저작권 문제에 대하여 구체적인 논의와 규제가 필요하다는 메시지를 제시했다.

챗GPT의 등장으로 이 같은 사례가 더 교묘한 방식으로 늘어날 가능성이 크다. 일각에서는 AI로 생성한 텍스트는 새로 만들어진 것이므로 표절이 아니라고 주장하기도 하지만, AI가 학습하는 데이터 자체가 이미 존재하는 콘텐츠라는 점도 간과해서는 안 된다. 콘텐츠를 만들기 위해서 AI의 도움을 받을 수는 있지만 기존 콘텐츠를 그대로 카피하여 저작권을 침해하는 것에 대해 엄격한 기준이나 규제가 필요할 것이다.

> 2 <

착한 AI를 만들기 위한 노력

챗GPT가 가지고 있는 잠재적인 문제들에 대해 챗GPT는 어떻게 답할까. 실제로 챗GPT에게 물어본 결과, 챗GPT는 윤리적 문제가 발생할 수 있으며 이를 고려해야 한다고 답변했다.

아직 챗GPT가 가진 윤리적 문제를 해결할 방안이 충분히 마련되지 않은 상황이다 보니 세계적으로 AI 기술 개발에 대해서 안전 협약과 윤리적 권고 이행에 대한 목소리도 높아지고 있다. 챗GPT의 창시자인 샘 알트만 역시 지난 5월 미 청문회에서 "강력한 AI 모델의 위험을 완화하기 위해서는 정부 규제 개입이 중요하다."라며 위험 요소에 대한 평가 기준, 감사 시행, 관련 세계 기구 설립 등 AI 모델의 문제에 관하여 구체적인 방안이 필요하다고 말했다.

윤리적, 기술적 안전장치 없이 지속적인 개발이 진행되는 것에 대한 경각심으로, 차세대 AI 모델 개발을 일단 멈춰야 한다는 주장 챗GPT에 관련된 윤리적 문제가 있어?

 GPT는 AI 모델 중 하나로, 텍스트 생성 및 이해에 특화된 능력을 갖추고 있습니다. 하지만 이러한 AI 모델은 개발 및 사용 시 윤리적 문제를 고려해야 합니다. 몇 가지 주요한 윤리적 문제들은 다음과 같습니다:

1. 편향성: AI 모델은 학습 데이터에 포함된 편향성을 반영할 수 있습니다. 이는 성별, 인종, 국적 등과 관련된 편견을 모델의 응답에 반영할 수 있다는 의미입니다. 이러한 편향성은 공정성과 다양성을 저해할 수 있으며, 이를 해결하기 위해 데이터의 다양성과 균형, 편향을 감지하고 수정하는 방법을 개선해야 합니다.
2. 개인정보 보호: 사용자의 개인정보를 요구하거나 민감한 정보를 요청하는 경우, AI 모델이 이러한 정보를 안전하게 처리하고 보호해야 합니다. 개인정보 보호 및 데이터 처리 규정을 준수하여 사용자의 개인정보를 적절히 관리해야 합니다.
3. 책임과 투명성: AI 모델의 결과에 대한 책임과 투명성은 중요한 문제입니다. 모델의 응답이 올바르고 투명하며, 결과의 신뢰성과 해석 가능성을 보장해야 합니다. 또한, 모델이 어떻게 작동하는지 이해하기 어려울 수 있으므로 사용자에게 모델의 한계와 제약을 명확히 전달해야 합니다.
4. 악용 가능성: AI 모델은 악용될 수 있는 가능성이 있습니다. 딥페이크 생성, 유해한 콘텐츠 생성, 사회 공정성에 대한 악영향 등의 위험이 있습니다. 이러한 악용 가능성을 방지하기 위해 모델 사용에 대한 규제와 적절한 사용 지침이 필요합니다.

이러한 윤리적 문제들은 AI 기술의 발전과 함께 계속해서 논의되고 연구되고 있습니다. 산업과 연구 기관은 이러한 문제들을 해결하기 위해 윤리적 가이드라인, 규정, 투명성 및 책임성 강화 등의 방안을 모색하고 있습니다

× **챗GPT에 관련된 윤리적 문제에 관한 챗GPT의 대답**

도 있다. 반면 AI 개발 중단이 오히려 공포심을 조장할 수 있기 때문에 개발과 동시에 안전장치를 확보해 나가야 한다는 반대 의견도 적지 않다. AI 기술은 급속도로 발전하며 사회적으로 큰 변화를 일으키고 있기 때문에 신속하게 대처하는 것도 중요하지만, 그 파급 효과까지 고려하여 신중하게 대안을 고민해야 할 때다.

이러한 윤리적인 문제가 있는 챗GPT를 사내에서 이용하려고 하는데, 챗GPT의
윤리적 문제를 최소화할 수 있는 방안을 포함한 GPT 사용 가이드를 안내해 줘.
챗GPT 윤리 강령 가이드도 만들어서 안내해 줘.

사내에서 챗GPT와 같은 인공지능 기술을 사용하는 경우, 다음과 같은 가이드라인을
따르면 윤리적 문제를 최소화할 수 있습니다.

1. 학습 데이터의 다양성과 품질 확보: 인공지능 모델은 학습 데이터에 영향을 받기
   때문에 데이터가 편향되어 있으면 모델도 편향될 가능성이 높습니다. 따라서
   학습 데이터를 다양하게 수집하고, 데이터의 품질을 확보하여 편향성을 최소화할
   필요가 있습니다.
2. 데이터 프라이버시 보호: 개인 정보 보호를 위해 모델을 학습시키는
   데이터에서는 개인 정 보를 제거하거나 익명화된 데이터를 사용해야 합니다.
   또한, 사용자의 개인 정보를 수집하는 경우에는 개인 정보 보호 관련 법률과
   규제를 준수해야 합니다.
3. 투명성: 사용자에게 인공지능 모델이 어떻게 작동하는지 설명해야 합니다.
   사용자에게 모델 이 어떤 정보를 수집하는지, 어떤 결정을 내리는지 등에 대한
   정보를 제공해야 합니다.
4. 직권성 제한: 인공지능 모델의 결정에 대한 직권성 제한을 설정하여 인공지능
   모델이 법적인 권한을 침해하지 않도록 합니다.
5. 공정성: 인공지능 모델이 인간과 동등한 대우를 받을 수 있도록 합니다. 이를
   위해서는 인공지능 모델이 동등한 테스트를 거쳐야 하며, 테스트 결과에 따라
   모델을 개선하거나 폐기하는 결정을 내려야 합니다.

위의 가이드라인을 바탕으로, 챗GPT 사용 시 윤리적 문제를 최소화할 수 있습니다.
또한, 챗 GPT 윤리 강령 가이드를 만들어서 모든 사용자에게 공유하면 인공지능
모델을 사용하는 모든 사용자가 이러한 윤리적 문제를 고려할 수 있습니다. 이러한
윤리 강령 가이드에는 위에서 언급한 가이드라인과 함께 추가적인 윤리적 가치에
대한 내용이 포함될 수 있습니다.

× **챗GPT에 관련된 윤리적 문제 방지 가이드에 관한 챗GPT의 대답**

일론 머스크는 챗GPT는 거짓을 말하도록 훈련됐다고 비판했다.
"잘못된 AI는 문명 파괴의 잠재력을 가지고 있다."라며, "특히 잠재적
으로 여론 조작의 우려가 있다."라고 주장하기도 했다. 진실을 추구하
는 AI를 만들겠다고 선언한 그는 올해 7월 인공지능 기업 xAI를 공식

적으로 출범했다. 우주의 본질을 이해하고 인류에게 위협적이지 않은 '안전한' 초지능을 개발하겠다는 것이다. xAI가 오픈AI를 위협하는 대항마가 될지는 두고 봐야겠지만, 챗GPT가 가진 윤리적인 문제를 해결하는 방안에 대해서는 각 기업뿐 아니라 정부 차원에서도 꾸준한 고민과 대책이 필요하다.

Chapter 10

퍼스널 AI 비서와
함께하는 미래

> 1 <

Right Time, Right Message, Right People 그리고 메신저

최근에 출시되는 자동차들은 운전자의 편의성을 도와주는 여러 옵션을 갖추고 있다. 이 중 휴대전화를 차량 내에서 충전하다가 잊어버리고 내리려는 운전자를 위해 음성 안내를 해 주는 기능이 있다. "차량 내에 휴대전화가 있습니다. 가지고 내리세요." 별다른 내용은 아니지만 휴대전화를 두고 내릴 뻔한 사람에게는 아주 감동적인 메시지다. 그런데 만약 차에서 내려서 5층 건물까지 올라갔을 때 똑같은 메시지를 스마트 워치를 통해 받는다면 감동적일까? 다시 찾으러 내려갈 생각에 왜 그걸 이제야 알려 주느냐고 오히려 짜증이 치밀 것이다.

　마케터들이 자주 착각하는 부분도 이와 비슷하다. '고객에게 좋아할 만한 메시지를 전달하면 고객은 감동할 것'이라고 생각하는 것이다. 그러나 정확한 시간에 필요한 메시지를 전달하지 않으면 감동을 주는 것이 아니라 오히려 고객을 떠나가게 만들 수 있다.

우리가 고객이 좋아할 것이라고 분석한 데이터를 어떻게 하면 잘 활용할 수 있을까? 이때 생각해 볼 수 있는 것이 데이터 행동 모델Data Behavior Model이다. 위의 예시처럼 Right Message를 보냈다고 해도 Right Time을 놓치면 사람들은 달가워하지 않는다. 이미 구매를 했는데 할인 쿠폰을 보내 주는 것과 같은 경우다. 반대의 경우도 문제가 된다. Right Time은 맞췄는데 Wrong Message를 보내면 어떨까. 1시간 뒤에 사장님에게 보고해야 하는데 시장 조사 자료가 없어서 발을 동동 구르고 있는 상황이다. 이때 옆자리 동료가 자신이 시장 조사 자료를 가지고 있다고 전달해 준다면 너무나 기쁘고 고마울 것이다. 시간이 없으니 일단 이 자료를 활용해서 보고를 마쳤는데, 알고 보니 잘못된 자료였다. 이런 경우는 조직을 아주 위험하게 만든다. 조직의 구성원들은 Right Time에 Right Message를 받는 경우에만 조직을 위해 이익이 되는 방향으로 일하게 된다.

바야흐로 빅데이터 시대, AI 시대다. 데이터 분석의 중요성이 커지면서 많은 기업에서는 수많은 분석 프로젝트를 진행하고 있다. 그런데 대부분의 결과물은 대시보드 시스템을 만드는 방식이다. "이제 영업 대시보드가 오픈되었습니다. 이것만 보시면 모든 영업 관련 정보를 활용할 수 있습니다.", "마케팅 대시보드가 오픈되었습니다. 마케팅을 효율적으로 할 수 있는 모든 정보를 담아 놨습니다." 직장 내에서 수없이 들은 이야기일 것이다. 꼭 활용하라고 권장하는 이런 시스템은 수십 개에 달한다.

안타까운 점은 100명에게 시스템을 오픈해도 90명은 로그인조

차 하지 않는다는 사실이다. 현재 하는 일도 너무 많고, 굳이 데이터를 활용하는 새로운 방식으로 일할 필요를 크게 느끼지 못하는 것이다. 더 큰 문제는 로그인해서 접속한 10명 중에서도 시스템의 데이터를 활용해 비즈니스에 적용하는 것은 1명이 될까 말까 한다는 점이다. 대시보드에 가득 들어 있는 수많은 숫자와 그래프만 봐서는 도대체 어떻게 업무에 활용해야 할지 알 수 없다. 그쯤 되면 아무도 사용하지 않는 시스템을 만든 사람들에 대한 책임론이 일기 시작한다. 이러한 조직은 모든 사람에서 이 시스템에 대한 기억이 지워질 때까지 다시는 동일 주제의 프로젝트를 하지 못한다.

게다가 데이터를 활용할 의지가 있다고 해도 굳이 로그인하고 그 중에서 필요한 정보를 찾아내야 하는 번거로운 과정 때문에 필요한 시간에 적절한 정보를 얻지 못할 때가 많다. Right Time을 놓치는 것이다. 시스템 사용자 교육 때에는 강사가 보여 준 예시가 근사하고 유용할 것 같았는데, 내 자리에 돌아와서 다시 들여다보면 막막하기만 하다. 이때는 Right Message를 뽑을 줄 모르는 것이다. 이래서 대부분의 조직이 Wrong Time에 Wrong Message만 활용하는 재난 상황에 놓이게 된다.

도대체 무엇이 문제일까? 왜 사용하지도 않는 시스템을 수십억, 수백억씩 들여서 만들어 놓고 결국은 책임만 묻다가 잊어버린 뒤에 다시 만드는 것인가? 사실 문제점은 명확하다. 사람들은 로그인을 싫어한다. 그리고 숫자를 해석해서 활용하는 방법을 모른다. 해결책도 명확하다. 로그인을 하지 않게 하고, 데이터를 해석해서 제공해 주면 편하게 사용할 수 있을 것이다. 말은 간단한데 이게 어떻게 가능할 수 있을지 구체적으로 살펴보자.

　우선 조직 내에 있는 실무자와 데이터 전문가들이 업무에 필요한 데이터를 정의한 후에 원인 분석, 최적화 분석, 예측 분석 등 빅데이터 시대에 발달한 분석 방법론 또는 챗GPT를 활용하여 열심히 분석을 진행한다. 여기서 최종 산출물로 대시보드 시스템까지만 만드는 것이 아니라 한 단계 더 나아가야 한다. 대시보드에 있는 데이터를 어떻게 업무에 활용하면 되는지 해석까지 완성된 형태로 직원들에게 배달하는 것이다.

　전달하는 방법은 메신저를 통하는 것이 가장 좋다. 직원들이 출근해서 노트북을 켜는 순간 자동으로 로그인이 되는 솔루션이 바로 사내 메신저다. "밥 먹으러 가자.", "회의실로 모여라." 등등 하루에도 수많은 메시지를 메신저를 통해 주고받기 때문에 사람들은 더 많은 메시지가 온다고 해서 부담스러워 하지 않는다. 로그인도 필요 없는 사내 메신저, 팀즈Teams, 슬랙Slack, 카카오톡을 통해 '필요한 순간Right Time'에 '필요한 정보Right Message'를 '필요한 사람Right People'에게 해석이 끝난 형태로 배달해 주면 되는 것이다. 이런 업무 환경을 만들어야 비로소 조직원의 업무 효율을 극대화할 수 있는 조건이 완성된다.

> 2 <

고객보다 직원들이
편한 환경을 만들어라

내가 의료 정보학 박사 과정을 공부할 때 의대 학생들과 '엑스레이' 관련 수업을 들은 적이 있다. 교수님께서 2시간 내내 여러 가지 엑스레이 사진을 보여 주시면서 이 사진은 폐가 검은색이 아니라 희미하게 회색이므로 문제가 있는 것이고, 이 사진은 간이 너무 밝게 나와서 문제라는 등의 수업을 진행했다. 수십 장의 사진을 모두 설명하고 나서 마지막으로 질문이 있는 학생이 있냐고 물었다. 그러자 한 학생이 손을 번쩍 들고 질문했는데 그게 너무 웃기면서도 깜짝 놀랄 만한 내용이었다. "교수님은 그게 보이세요?"

물론 앞으로는 더 많은 공부와 노력을 통해 극복하겠지만, 만약 끝까지 잘 모르는 상태로 졸업해서 환자들의 엑스레이를 해석한다면 어떤 일이 벌어질까? 생각해 보면 오싹해진다. 현재는 각각의 질병을 기준으로 엑스레이 사진들을 모아서 AI로 학습시키고, 새로운 환자의 엑스레이를 학습 셋과 비교해서 어디가 문제인지 바로 판단해 주는 알고리즘이 많이 나왔다. 초보 의사가 환자를 진료하는 순간에 이러한 정보를 같이 제공해 준다면 훨씬 정확하고 높은 수준의 의료 서비스를 제공할 수 있게 될 것이다. 이 역시 데이터 분석을 통해 업무의 품질을 높일 수 있는 환경이 만들어져야 한다는 말이다.

우리가 배달의 민족에서 짜장면을 시켜 먹는다고 생각해 보자. 주문과 동시에 "주문해 주셔서 감사합니다."라는 메시지가 온다. 잠시 후 주문한 음식이 출발했다는 문자가 오고, 다음에 또 주문해 달라는 감사 인사도 받는다. 일상에서는 이렇게 사소한 부분에서까지 필요한 순간에 필요한 정보를 받는 체계가 잘 구축되어 있다. 그런데 하루 대부분을 보내는 회사에는 왜 오히려 이런 체계가 없는 것일까?

만약 영업을 나가기 직전에 "고객이 오늘 뭘 원하는지 분석한 자료가 도착했습니다.", 광고를 돌리려고 고민하는 순간에 "현재 우리 제품에 가장 효율적인 광고 채널은 유튜브이고 350만 원의 광고비를 집행하시면 좋습니다."와 같은 메시지를 받는다면 어떨까? 생각만 해도 업무가 쉬워진다. 심지어 재밌어질 수도 있을 것이다. 많은 기업에서 고객에게만 포커스를 맞춰 일하다 보니 고객에게 제공하는 서비스 품질은 극대화시키고 있지만 정작 그 일을 하는 직원들은 엄청난 비효율 속에 방치되는 경우가 많다. 추가적인 고객 서비스 개선에 힘쓰는 공력을 조금만 나눠서 직원 퍼포먼스 개선 활동을 한다면 조직의 전체적인 생산성은 더욱 좋아질 수 있다.

> 3 <

효과적인 메시지를 만드는 방법

몇 년 전에 스위스 시계 T브랜드의 컨설팅을 진행한 적이 있다. 마케팅 전략을 새롭게 수립해서 한국지사의 매출을 끌어올리기 위한 방안을 마련하는 것이었는데, 결과적으로 아주 좋은 성과를 달성하게 됐다. 고가 시계들의 경우 소비자들은 조금이라도 저렴하게 구매하려는 방법을 찾기 마련이다. 그래서 많은 병행수입 업자들이 존재한다. 병행수입이란 한국 거대 유통회사가 스위스 본사에 직접 연락해서 물건을 받아 국내에 판매하는 형태를 말한다.

원칙적으로는 한국 내에 지사가 있기 때문에 지사를 통해서만 판매해야 하지만, 스위스 본사 입장에서도 매출 실적에 대한 압박이 있을 테니 능력 있는 유통회사가 연락해 오면 물건을 넘기게 된다. 영리한 병행수입 업자는 한국지사 직원이 퇴근한 시간에 온라인에서만 타임세일로 저렴하게 제품을 올려 아무런 방해 없이 판매를 진행하기도 한다. 이럴 경우, 한국지사 입장에서는 시장에는 해당 제품이 많이 풀리는 것 같은데 정작 매출은 올라가지 않는 답답한 상황이 발생한다.

한국지사와 함께 병행수입 업자를 통해 판매되는 내용을 분석해 본 뒤 저가 판매 행위가 명품 브랜딩에 손상을 준다는 점을 강조하면서 스위스 본사에 제품 공급을 중단해 달라고 요구했지만, 이미 계약이 된 상태라 중단할 수 없다는 답변을 받았다. 그래서 추가로 데이터를 분석해 보니 국가마다 사람들이 선호하는 T브랜드 제품은 제각기 다르다는 사실을 알게 됐다. 병행수입 업자에게 제품 공급을 중단할 수 없다면 한국 사람들이 좋아하는 몇 가지 제품만이라도 제공하지 않도록 요청했다. 한국인에게 매력적인 제품을 받을 수 없었던 병행수입 업자는 T브랜드 대신 다른 회사 브랜드를 병행 수입하는 쪽으로 방향을 바꾸게 되었고 T브랜드 한국지사의 매출은 급격하게 상승했다.

재미있는 점은 최근에 글로벌 화장품 L브랜드의 컨설팅을 진행할 때도 똑같은 현상을 발견했다는 것이다. 마찬가지로 병행수입 업자들이 국내 시장에 물건을 대규모로 들여오는 탓에 골머리를 앓고 있었다. 이전 케이스와 유사한 방식으로 대응한다면 효과도 분명할 것이다. 그런데 과연 업무 경력이 많지 않은 신입 직원들이 이러한 사실과 대응 방법을 알고 있을까? 아마 그렇지 않을 것이다. 해당 산업에서 업무를 오래 해 온 경력 있는 선배들만 이러한 노하우를 경험으로 알고 있기 마련이다. 그런데 이런 노하우를 가슴에만 품고 있는 것이 아니라 데이터로 검증하고 메시지로 만들어 후배들에게 전달하면 어떨까. 상당히 빠른 시간에 후배들의 업무 퍼포먼스가 상승하는 경험을 하게 될 것이다.

이때 배달 메시지를 설계하기 위해서는 몇 가지 고려 사항이 있다. 첫째로 업무를 주제별로 나눠야 한다. 둘째로는 주제별로 관리해야 하는 업무 지표를 설정한다. 마지막으로 이 지표들을 목표KPI와 연계해야 한다. 예를 들어 '웹사이트 관리'라는 것은 업무 주제이고, 몇 명이 접속하는지 확인할 수 있는 '유입 고객 수'는 업무 지표이다. 유입 목표가 '하루 100명'이라면 이것이 KPI가 된다.

목표 대비 몇 명의 고객이 매일 방문하는지 데이터를 수집해 메시지로 만들고 웹사이트 관리자와 상위 리더에게 퇴근 전 메신저로 전달한다면, 오늘의 성과를 바로바로 인지하도록 할 수 있을 것이다. 이후에 데이터가 쌓이면 고객 유입의 트렌드를 파악할 수 있고, 조직의 목표가 달성될 수 있을지 예측 모형도 만들 수 있게 된다. 예측, 추천, 최적화 등의 인공지능 알고리즘은 이렇게 데이터가 축적되면서부터 적용하면 된다. 그런데 마케팅 영역만 살펴봐도 분석할 수 있는 주제들은 캠페인 분석, 웹사이트 분석, 소비자 반응 분석, 인플루언서 분석 등 상당히 다양하다. 여기서 관리해야 하는 지표들과 각각의 KPI를 연계하여 관리하려면 도저히 사람이 할 수 없는 수준의 복잡도가 발생한다. 그래서 인공지능의 도움이 필요한 것이다. 하나둘씩 영역별로 인공지능의 도움을 받는 환경을 개인화하여 구성하는 것이 바로 '퍼스널AI Agent'의 도입이다.

> 4 <

데이터는 사람을 행동하게 한다

최근 공공기관과 프로젝트를 진행하면서 시장에서 높은 관심을 받는 '전세 사기'에 대한 데이터 배달 서비스를 설계하고 있다. 전세 사기를 당한 사람들은 가정이 파탄 나고, 심지어는 극단적인 선택을 할 수 있기 때문에 이는 매우 심각한 사회 문제다. 전세 사기를 예상할 수 있는 패턴은 무엇일까?

- 전세가율 80% 이상
- 보증금이 지나치게 저렴한 매물(60~70% 적정선)
- 5년 이하 신축 빌라
- 주택의 시세에서 선순위 채권을 공제한 금액이 보증금의 70% 이상
- 집주인의 세금 체납

전세를 얻기 전에 대략 이 정도의 데이터를 확인한다면 전세 사기를 당하지 않을 확률은 급격히 올라간다. 사실 공무원들이 의지를 가지고 거래가 발생할 때마다 위험도를 관리해 준다면 좋겠지만, 인력의 한계도 있으니 모든 거래를 다 관찰할 수는 없다. 그런데 이러한 데이터들은 시청 또는 국세청에서 자료로 보관하고 있기 때문에 데이터를 통합하여 이상 거래 패턴 로직을 만든다면 모든 거래에 대해 위험도 측정이 자동으로 가능해질 것이다. 여기에서 높은 위험의 거래에 대해서만 담당 공무원에게 메시지로 배달해 준다면 현재 인력으로도 충분히 관리할 수 있다.

여기서 한발 더 나아가 이 메시지를 전세 계약의 당사자에게 문자로 배달해 준다면 어떨까? 아마도 전세 사기가 급격하게 줄어들 것이다. 이렇게 모든 거래 상황을 데이터로 모니터링하고 즉시 정보가 공유된다는 것이 알려진다면 애초에 누구도 전세 사기에 대해 엄두를 내지 못할 것이다. 이렇게 '전세 사기 위험도'에 관한 데이터를 보는 것만으로 공무원은 필요한 관리 조치를 하게 되고, 전세 계약자는 계약을 중단할 수 있고, 전세 사기범은 범죄 계획을 포기할 것이다. 데이터가 사람을 행동하게 만드는 것이다.

이렇게 필요한 순간에, 필요한 메시지를, 필요한 사람에게 전달하는 체계가 완성되면 이제는 좀 더 욕심을 부려볼 수 있다. 조직의 퍼포먼스를 극대화하는 방안을 만드는 것이다. 여기에는 2가지의 전제 조건이 필요하다.

1. 기존과 다르게 일하도록 만들어야 한다.
2. 극단적 수준의 새로운 가치를 만들야 한다.

　지금까지 회사에서 일해 왔던 방식을 생각해 보자. 데이터 분석을 배워야 한다, 업무에 필요한 데이터를 잘 찾아야 한다, 데이터를 해석할 수 있어야 한다, 보고서를 잘 작성해야 한다는 등의 기본적인 요구사항들이 있었을 것이다. 그런데 이처럼 당연하다고 생각하는 모든 것을 뒤집어야 새롭게 일할 수 있다.

　현업만으로도 너무나 바쁜 상황에 어떻게 데이터 분석 방법을 배울 수 있겠는가? 파이썬, R 프로그래밍 교육 과정에 며칠 참여했다고 갑자기 분석 코드를 짜면서 일을 할 수 있을까? 데이터 전문성이 없는 직원들에게 데이터 분석을 못한다고 몰아붙이고 있지 않은지 생각해 봐야 한다. 모든 직원이 스스로 데이터를 분석해야 한다는 생각보다는, 역으로 가만히 앉아만 있어도 나의 업무를 분석해 주는 새로운 환경을 만들어야 하는 것이다. "직원들이 데이터 분석을 하는 것이 아니라 인공지능이 필요한 내용을 분석해서 직원들에게 제공해야 한다." 라는 생각의 전환이 기존과 다르게 일하는 조직을 만드는 시작점이다.

　극단적 수준의 새로운 가치를 창출한다는 것은 조직마다 그 수준에 대한 기준이 다를 수 있다. 한때 LG 그룹에서 "5%는 불가능해도 30%는 가능하다."라는 슬로건을 사용한 적이 있다. 5% 매출 성장을 목표로 하면 뻔한 방법으로 조금만 더 열심히 하기 때문에 해낼 수 없지만, 30%를 목표로 삼았을 때는 완전히 새로운 방법으로 도전하지 않으면 성공할 수 없기 때문에 오히려 달성이 가능하다는 말이다. 실제로 '휘센'이라는 에어컨 브랜드는 매년 30%의 원가 절감 TF Task Force를 구성했고, 30% 절감의 아이디어가 나와야만 해당 TF를 끝낼 수 있었다. 결국 휘센은 경쟁사가 생각하지 못하는 혁신적인 방법을 통해 원가를 절감했고 세계 판매 1위의 브랜드로 자리 잡았다.

'매출을 올리는 것, 손익을 좋게 하는 것, 고객 만족도를 올리는 것, 기발한 상품을 만드는 것'이라는 조직이 생각하는 가치 목표를 평범한 수준에서 정하지 않고 극단적인 수준으로 정하되, 새로운 기술의 도움을 받아 달성하게 하는 조직 문화가 중요하다. 물론 비상식적인 높은 목표를 달성하는 것은 어려운 일이다. 직원들의 열정만 강조할 것이 아니라 달성할 수 있는 방안을 하나씩 세분화해서 단계별로 진행해야 한다. 성과를 이뤄가는 과정을 수치화하여 AI 에이전트 Agent로 관리한다면 원하는 결과에 빠르게 다가갈 수 있을 것이다.

> 5 <

전 직원 퍼포먼스를 조절하는
'AI 커맨드 센터'

데이터 기반의 의사결정 조직의 궁극적인 모습은 회사마다 AI 커맨드 센터AI Command Center를 만드는 것이다. 데이터로 모든 조직원을 도와주는 곳으로, 필요한 정보를 적시에 제공해서 직원들이 회사를 위해 최상의 퍼포먼스를 낼 수 있도록 만들어 주는 역할이다. 이때 제공되는 정보는 직원들이 회사를 위해 더 좋은 방향으로 '행동'하게 만드는 것에 초점을 둔다. 미래 사회에는 각 회사의 AI 커맨드 센터 경쟁력에 따라 회사의 경쟁력이 결정되는 시대가 올 것이다.

AI 커맨드 센터는 대기업만 도입 가능한 개념이라고 생각할 수 있지만, 그렇지 않다. 최근 직원이 5명 규모인 아주 작은 규모의 스타트업 아이알메드IR MED와 프로젝트를 시작했다. 이 회사는 기업들의 평판을 관리해 주는 기사를 작성하고 발행하는 일을 한다. 서비스 경쟁력의 핵심은 고객사가 원하는 기사가 있을 때 작성해 주는 것이 아니라 시장이 원하는 이야기가 있을 때 관련된 회사를 찾아서 기사를 작성하는 방식이다. 예를 들어 주식 시장에서 전기차용 고속충전 배터리의 관심도가 높아졌다면 해당 업을 하는 A회사에 연락해서 자료를 모으고 기사를 내는 것이다. 기사를 본 사람들은 A회사를 인지하고 주식을 매입하기 때문에 주가가 올라가게 된다.

로직이 제대로 돌아가게 하기 위해 아이알메드 직원들은 주식 시장의 관심사를 매일 모니터링하고 일명 '떡상'하는 주제를 찾아내야 하는데, 거의 모든 과정을 수작업으로 진행하고 있었다. 주식 HTS Home Trading System 에 로직을 걸어 하루 10% 이상 주가가 오르거나 1천만 주 이상의 거래량을 발생시킨 종목을 검색한다. 그리고 각 종목마다 관련된 증권 뉴스, 네이버, 구글 뉴스를 뒤져 원인을 찾아내는 것이다. 눈이 빠져라 검색하고 또 검색하는 일을 반복하는 셈이다. 기사로 작성하는 내용도 매번 유사한 구성이 반복되지만, 과거에 작성했던 데이터를 개인별 노트북 폴더 안에 넣어두고 있기 때문에 참고하기 번거로워 매번 새롭게 작성해 왔다고 한다. 신입 직원의 경우에는 이런 과거 데이터가 존재하는지도 몰라서 새로 작성해야 한다.

이러한 상황에서 아이알메드를 데이터 기반으로 일하게 만들기 위해 다음과 같은 단계를 수행했다. 먼저 우리나라 2,395개 상장사의 모든 주가 데이터를 일 단위로 수집해서 주가가 급격하게 올라간 종목을 로직으로 걸어 자동으로 추출했다. 셀트리온은 바이오테크와 같이 각 종목마다 테마를 부여하면 상승 종목을 통해 시장의 상승 테마를 자동으로 알아낼 수 있기 때문에 사람들의 관심사를 쉽게 파악할 수 있게 된다. 상승 종목과 관련된 뉴스 기사들은 데이터 수집(크롤링)

이 가능하기 때문에 자동 텍스트 분석을 통해 상승 원인까지 파악할 수 있다.

　이제 상승 테마에 속한 회사 중 아직 주식이 오르지 않은 회사들을 찾아 기사만 작성하면 되는데 과거에 유사하게 작성된 기사를 챗GPT에 학습시키고 새로운 정보와 함께 기사를 쓰도록 하면 거의 모든 과정이 자동화가 된다. 이 모든 내용은 파워 BI를 활용해 대시보드로 만들고, 대시보드에 쌓이는 데이터를 활용해 직원들에게 필요한 정보를 필요한 순간에 배달해 주도록 한다. 이러한 체계를 만들면 이 작은 스타트업은 상당한 수준의 데이터 경쟁력을 갖게 된다. 회사 입장에서는 해당 체계만 계속 고도화하면 직원 수를 늘리지 않아도 더 많은 고객사를 확보하고 일을 처리할 수 있게 되는 것이다. 물론 직원들도 새벽부터 나와서 기사를 찾고 업무해야 하는 일이 사라지기 때문에 만족도가 높아진다.

> 6 <

지금, AI가 일으키는
물결에 올라타라

미래 기업은 CEO만 인간이고 모두가 AI로 대체될 수 있다는 말이 있다. AI는 퇴사도 하지 않고, 복지정책을 요구하지도 않는다. 일하면서 생기는 노하우는 계속 축적되고, 월급을 올려달라고 파업을 하지도 않는다. 사람으로 인한 문제를 겪어 본 CEO라면 이 소식에 기쁠 것이다. 그러나 이것은 극단적인 예시일뿐, 사람과 AI는 서로 다른 역할을 하면서 협력하고 발전할 것이다. 모든 측면에서 완벽하지는 않으나 챗GPT와 같은 생성형 AI는 이미 우리 삶에 들어오기 시작했다. 기술은 퇴보하지 않으니 앞으로 AI의 성능은 더 빠르게 발전하고 또 다른 기술과 결합하여 새로운 세상을 만들어 갈 것이다. 이미 각 기업들이 시장을 선점하기 위해 발 빠르게 움직이기 시작했고, 기업의 규모나 분야와 상관없이 챗GPT의 활용 영역과 가능성은 점점 더 넓어질 것이다.

아직 챗GPT에 대한 전망은 엇갈린다. 인간이 할 수 없었던 영역까지 가능한 기술인 만큼 우리의 잠재력을 확장하는 데 도움을 줄 것이라는 기대감도 있지만, AI가 많은 일자리를 대체하면서 인간의 영역이나 일자리를 위협할 것이라는 위기감도 높아지고 있다. 실제로 골드만삭스에서는 세계적으로 약 3억 개의 일자리가 영향을 받을 것이라 전망하기도 했다. 기존의 기술은 단순 노동 영역에서 인간을 대체할 수 있었지만 이제는 고도화된 기술을 바탕으로 지적 능력에 기반한 창조 영역까지도 AI 기술이 대체할 수 있게 되었기 때문이다.

AI 때문에 인간이 더 이상 학습을 하지 않을 것이라는 우려도 나오고 있다. 물론 기술에 대한 의존도가 높아질 것은 분명하지만, 여전히 AI를 100% 신뢰할 수는 없으며 보완해야 하는 문제점도 적지는 않다. 챗GPT가 전달하는 지식은 제한된 학습 데이터와 확률적 통계를 바탕으로 하기 때문에 오류가 포함되어 있어 이를 비판적으로 해석하고 활용할 수 있는 능력이 필요하다. 인간의 데이터를 학습하는 AI가 편향된 정보를 진실처럼 제공하는 것을 경계해야 하는 것은 물론이고, 비윤리적인 정보가 영속화될 수 있다는 점에 대한 대응책도 필요할 것이다. 더불어 생성 결과물에 대한 저작권 인정 여부나 출력된 콘텐츠의 무분별한 오남용 등도 사회적으로 해결해 나가야 할 과제다.

앞으로 어떤 미래가 펼쳐질지는 아무도 모른다. 하지만 어떤 쪽이든 챗GPT와 같은 생성형 AI가 비즈니스 영역뿐 아니라 사회 전반에 큰 영향을 미치고 변화를 만들어 낼 것은 분명하다. 지금은 우려하고 주춤하기보다는 이미 눈앞에 놓인 기술의 트렌드를 예측하고 빠르게 적응해 나가야 할 때다.

MS 창업자인 빌 게이츠Bill Gates는 이제 우리는 검색 엔진에 방문할 필요가 없으며, 인공지능 비서를 제대로 만드는 기업이 미래의 승자가 될 것이라고 예측했다. 지금의 인공지능은 정보나 콘텐츠를 제공할 뿐 업무 자체를 대신하지는 않지만, 앞으로는 사람들이 필요로 하는 것을 실제로 대신해 주는 방향으로 발전할 것이라고 전망한 것이다.

그렇다면 추후 짧은 시간 내에 등장하지는 않더라도 퍼스널 인공지능 에이전트가 실제로 상용화되는 미래가 다가올 수 있다. 말 그대로 사용자에게 필요한 '모든 곳에서 작동'하며 개인 스케줄부터 예약, 쇼핑, 금융 업무 등을 수행해 주는 인공지능 비서 말이다. 실제로 챗GPT는 플러그인 서비스로 다양한 서비스를 결합하며 '만능 비서'로서의 첫걸음을 내딛기도 했다. 앞으로 궁극적으로 챗GPT는 인간을 대체하는 것이 아니라, 인간의 가장 편리한 비서로서 우리가 지금껏 해 오던 역할을 변화시키는 요소가 되지 않을까.

변화는 위기가 아닌 기회임을 잊지 말아야 한다. 인간은 인간 고유의 능력을 발하는, 더 의미 있고 가치 있는 일에 집중할 수 있는 때가 왔다. 지금까지 우리가 업무 시간의 상당 부분을 데이터의 수집과 정리, 분석 및 보고하는 일에 썼다면, 이제 이 일은 인공지능이 더 정확하게 수행해 줄 수 있게 됐다. 사람은 사람만이 할 수 있는 일, 즉 크리에이티브Creative에 집중하면 된다.

물론 인공지능이 크리에이티브와도 완전히 무관하다고 할 수는 없다. '모방은 창조의 어머니'라는 말이 있듯이 인공지능은 입력된 데이터에서 패턴을 분석하고 비슷한 것을 모방하며 창조하기도 한다.

다만 인공지능의 창의성이 0과 1의 계산으로 데이터를 잘 읽어 다음 패턴을 '유추하는 것'이라면, 인간의 창의성은 패턴을 잘게 부수고 새로운 연결을 통해 이전에는 없던 전혀 새로운 것을 만들어 내는 것이다. 진정한 창조와 창의는 인간만의 능력인 만큼 인공지능과 함께하는 디지털 세상에서 인간은 이제 본연의 능력을 더욱 개발해 나가야 한다.

인간에게는 이제 새로운 교육과 노동의 방식이 필요해졌다. 인공지능을 활용하는 동시에 비즈니스의 목표와 방향성을 설정하고 기술을 적재적소에 활용하는 창의성을 발휘하는 것은 여전히 인간의 몫이다. 동시에 비즈니스의 플랫폼이나 서비스가 근본적으로 달라지고 있는 시대에 빠르게 탑승하여 AI의 자리를 마련하는 것이 지금 당장 필요한 비즈니스 전략일 것이다.

12 Things for DT:
DT 실무자에게 전하는 현직 임원들의 12가지 조언

DT^Digital Transformation 를 DX라고도 표현한다. 같은 말이다. 기업은 디지털 기반으로 일하는 것을 원하는데 이를 위한 시작점이 바로 데이터 드리븐^Data Driven 의사결정 체계를 구축하는 것이다. 요즘 기업에서는 CDO^Chief Data or Digital Officer 라는 임원급 자리를 만들어 이 역할을 부여하고 있다. 기존에 없었던 역할이기 때문에 처음 CDO로 일하게 된 사람은 무엇부터 해야 하는지 고민하는 경우가 많다. 삼성, LG, GS, 롯데 등 국내 대기업에서 CDO 역할을 하는 임원들에게 DT를 잘할 수 있는 방법을 물어보고, 이들이 대답한 내용을 12가지로 요약해 봤다. 재밌는 점은 DT를 대기업 내에서 자체적으로 해야 한다고 대답하는 임원은 아무도 없었다는 점이다. 모두가 기술력이 뛰어나고 빠르게 움직일 수 있는 스타트업과 함께하는 '오픈 이노베이션'을 강조했다. 또한 큰 그림을 그리려고만 하지 말고 실패하더라도 작게라도 시작해 보는 '실행'에 무게를 둔다는 점도 인상적이다. CDO 임원들의 생각을 그대로 느낄 수 있도록 실제 표현을 최대한 그대로 살려서 정리해 봤다. DT를 고민하는 사람들에게 실질적인 도움이 될 것이다.

1. 데이터가 있어야 설득할 수 있다

조직원 대부분은 디지털 기반의 신사업을 이해하지 못한다. 윗분들도 마찬가지다. 그래서 내부 설득이 힘들 때가 많다. 이것을 해결할 수 있는 것이 데이터다. 쌓여 있는 데이터를 눈으로 보여 주는 것과 보여 주지 않는 것은 정말 큰 차이가 난다. 다른 회사에는 당연한 데이터가 우리 회사에는 없을 수도 있다. 채널별, 지역별, 장소별로 어떤 것을 고객이 선호하는지 데이터로 보여 준 것이 신사업을 밀고 나갈 수 있는 계기가 되었다.

2. 스타트업처럼 생각하고 행동하라

아무리 능력이 있던 사람이라도 갑자기 DT 업무를 하는 것은 쉽지 않다. 전략은 기존 업무 방식을 바탕으로 똑같이 세울 수 있겠지만 결국 실행은 못 한다. 그래서 진짜 스타트업처럼 실행한다는 생각을 해야 한다. 럭셔리하게 할 필요가 없다. 적은 예산으로 일단 시도해 보고 아니면 걷어내면서 시행착오를 겪어야 한다. 다른 사람에게 전략 보고서를 만들어 오라고 하면서 투자 결정하듯이 해서는 안 된다. 기존 중장기 과제에 디지털을 접목하는 것은 해 오던 방식대로 해도 된다. 그러나 새로운 DT 사업을 할 때 원래 방식대로 하면 속도가 늦어져서 반드시 실패한다. 막연히 그림만 그리게 되고, 어떤 파트너사를 만나야 할지와 같은 사소한 일도 풀리지 않는다.

3. 관련 공부를 하라

스타트업을 만나는 것을 두려워하는 사람들이 많다. 업계의 판을 잘 이해하지 못하거나, 그들과 무슨 얘기를 해야 할지 모를 경우에 그렇다. 스타트업 선택을 잘하지 못하고, Thought Leadership이 없는 것이다. 그런데 제너럴리스트는 선봉대가 될 수 없다. 책만 본 사람은 안 된다. 실제로 해 봐야 한다. 데이터가 필요하면 스타트업 측에 데이터를 달라고 해야 하는데, 어떤 걸 요구해야 하는지 모르면 스타트업과 윈윈하는 것이 아니라 주기만 하게 된다.

4. 위를 보지 말고 아래를 봐라

상사가 시키는 것을 하는 것도 중요하지만, 함께 일하고 있는 동료들이 만들고 싶은 것을 만들어야 한다. 하고 싶어서 하는 열정은 누가 만들어 주는 것이 아니다. 차상위 C-level은 지금 유행하는 것을 말하지 않는다. 위에서는 컨셉만 논의할 뿐이고 아래와 일해야 뭐라도 나온다. 현업의 대표 선수를 PM으로 세워야 한다. 현업 도메인 날리지가 중요하고, 전사적으로는 PMO Project Management Officer 역할이 중요하다. 열정이 있고 해보려는 의지가 가득한 과·차장이 이를 맡아서 해야 한다. 이때 경영층의 스폰서십이 핵심이고 과·차장의 스폰서는 가장 높은 사업 부장이 직접 맡아야 한다. 다만 사업 부장은 스폰서만 할 뿐 결정하면 안 된다. 결정하는 순간 사람들의 생각이 막히고 DT는 끝이다.

5. 목적, 성공 기준을 명확히 잡고 시작하라

두루뭉술한 미션이 떨어질 때가 있다. "데이터 드리븐 비즈니스 환경을 조성하라." 같은 것이다. 그러면 무작정 데이터를 모으기 시작하다가 어느 순간 괜히 모았다고 생각하며 처음으로 돌아가게 된다. 처음부터 무엇을 할지 가설을 정하고 이때 무슨 데이터가 필요한지 생각해서 찾아야 한다. 태생부터 플랫폼 기업은 이런 과정이 잘 이루어지는데 전통 기업은 잘 되지 않는 경우가 많다.

6. 다 해 봤다고 착각하지 마라

이미 다 해 봤다고 말하지 마라. 이것은 무조건 DT를 방해하는 말이다. 새로운 주제만 찾지 말고 기존에 했던 것을 다시 보면서 DT를 적용하면 또 다른 결과가 나온다. 선두 기업으로 데이터 에코를 주장할 때도 내 것은 내놓지 않고 받아 오려고만 생각하기 때문에 협업이 되지 않는 것이다. 외부와 커뮤니케이션을 할 때 수용적이지 않고, 약간의 차이에 대해서 인정하려고 하지 않는 것이 문제다. 다시 해 보는 것을 원하지 않으면 나아갈 수가 없다. 될 때까지 하는 것이다.

7. 오픈 이노베이션을 1등하고만 하지 마라

다들 오픈 이노베이션을 1등하고만 하려고 한다. 그런데 1등이 다 잘하는 것은 아니다. "글로벌 1, 2위하고만 해라.", "CDP 1위 솔루션을 도입해라."와 같은 방향이 과연 우리에게 맞는가 생각해 보면 꼭 그렇지는 않다. 빌드할 것인가, 내재화할 것인가, 혹은 잠깐 빌려 쓰고 내재화할 것인가. 목적을 가지고 선택해야 한다.

8. 큰 그림만 그리지 말고 실제적인 것부터 하라

대부분 대기업은 진짜 실제적인 이슈가 아니라 임원 이슈를 가지고 DT를 하는 경우가 많다. "올해 말까지 데이터 허브를 만들겠다."라는 식인데, 안 될 걸 뻔히 알면서도 그렇게 뱉어 보는 것이다. 슬로건을 내세울 것이 아니라 직원들이 심플하게 할 수 있는 것을 하나하나 실제로 해 보는 게 중요하다. 괜히 회장님에게 잘 보이려고 무리하게 도입하겠다고 하면 100% 실패한다. 뜬구름만 잡고 있어서는 안 된다.

9. 현업이 필요한 일을 하는 스타트업을 찾아라

오픈 이노베이션을 잘못하면 돈만 날릴 수 있다. 스타트업이 현업 업무에 딱 맞는 경우는 많지 않다. 실질적인 도움은 별로 안 되는 경우도 많다. 현업이 필요한 일에 대해 방향성이 맞는 스타트업을 찾아서 투자와 함께 일을 해야 한다. 비즈니스를 잘하는 스타트업은 자신만의 방향과 세상이 있다. 일반적으로 VC한테 잘나가는 벤쳐라고 소개받아서 투자하면 투자자로서의 의미는 있을지 몰라도 오픈 이노베이션은 잘 이루어지지 않는다.

10. 모든 데이터를 드러내는 작업을 해야 한다

데이터 혁신이 중요하다. 모든 데이터를 수면 위로 드러내는 작업을 해야 한다. 이때 절대로 경영층은 드러내는 것을 챌린지하지 말고 장려하는 정책을 써야 한다. 햇볕 정책! 그러나 나중에는 엄청난 챌린지를 하라. 데이터 계층Data Hierarchy을 잡은 후 한두 단계가 아니라 8, 9단계까지 깊게 내려가 봐야 한다. 그러다 보면 데이터의 연계성,

비효율성이 모두 드러날 것이다. 궁극적으로 데이터 분석과 활용의 민주화가 되어야 한다. 각각 흩어져 있는 데이터가 많은데, 이를 공유하고 쉽게 분석할 수 있는 플랫폼이 필요하다.

11. 애자일(Agile)한 어프로치가 중요하다

단순 오퍼레이션 측면 뿐만 아니라 연간 단위로 진행하는 예산 관리Budgeting 프로세스도 바꿔야 한다. OKR Objectives & Key Results 기반으로 스스로 아래에서부터 목표를 설정하게 하고, 궁극적으로는 최대한 노력해도 80%만 할 수 있는 엄청난 목표를 주어야 한다. 그 과정에서 2주 정도 단위로 실행할 수 있는 목표를 쪼개어 설정하고 결과는 고객에게 확인받는다. 이게 가능하려면 예산 관리도 유기적이고 유연하게 바뀌어야 한다. 지원 조직의 서포트가 중요하다.

12. 오픈 이노베이션은 사상과 철학이 중요하다

"사회적 가치와 금전적 가치를 놓고 금전적 가치가 높다면 어떤 스타트업과도 오픈 이노베이션을 하겠다." 이러한 식으로 자신만의 철학이 필요하다. 같이 일할 수 있는 방법론을 잘 세팅해야 한다. 스타트업이 들어와서 일할 수 있도록 지원할 수 있는 전문가도 필요하다. 또한 예산 관리, 같이 몰입할 수 있는 현업 부서, 스타트업의 지적 자산을 보호해 주는 정책 등이 마련되어야 한다. 같이 뛰어놀 수 있는 플랫폼이 필요하고, C&D Connected & Development 플랫폼 안에서 다양한 시도를 할 수 있어야 한다. 관련된 장비나 인프라를 지원해 주는 것도 중요하다.

AI 비즈니스 레볼루션

인공지능 세상의 기회, 챗GPT 활용 경영 전략

초판 1쇄 발행 2023년 8월 31일
초판 4쇄 발행 2023년 9월 19일

지은이 이진형
펴낸이 박영미
펴낸곳 포르체

책임편집 임혜원
편집 김성아 김다예
책임마케팅 김채원 | 마케팅 김현중
디자인 황규성

출판신고 2020년 7월 20일 제2020-000103호
전화 02-6083-0128 | 팩스 02-6008-0126
이메일 porchetogo@gmail.com
포스트 https://m.post.naver.com/porche_book
인스타그램 www.instagram.com/porche_book

여러분의 소중한 원고를 보내주세요.
porchetogo@gmail.com